LE GRAND VOYAGE

DU

PAYS DES HURONS

Situé en l'Amérique vers la Mer
douce, ès derniers confins

DE LA

NOUVELLE FRANCE

DITE

CANADA

AVEC UN DICTIONNAIRE DE LA LANGUE HURONNE

PAR

F. GABRIEL SAGARD THEODAT

Recollet de S. François, de la province de S. Denys en France

---

NOUVELLE ÉDITION

PUBLIÉE PAR M. ÉMILE CHEVALIER

PARIS

LIBRAIRIE TROSS

5, RUE NEUVE-DES-PETITS CHAMPS

—

1865

HISTOIRE
DU CANADA
ET VOYAGES

QUE LES FRÈRES MINEURS RECOLLECTS Y ONT FAICTS

PAR

F. GABRIEL SAGARD THEODAT

Réimpression figurée de l'édition originale rarissime de 1636.

PREMIER ET DEUXIÈME VOLUMES.

L'*Histoire du Canada* par le frère Sagard est l'ouvrage ancien le plus important qui ait paru sur cette partie de l'Amérique, si essentiellement française.

Chaque Canadien d'une instruction supérieure voudra posséder un exemplaire de cette chronique qui dépeint le premier état du pays quand les Français l'ont colonisé, l'histoire de leurs travaux, de leurs périls et de leurs succès.

La nouvelle édition formera *quatre volumes*; le dernier, réunissant différentes pièces, sera précédé d'une notice historique.

Le prix de chaque volume est fixé :

Sur papier vélin, à	12 fr.
Sur papier de Hollande, à	20

Cette réimpression a été tirée à *un nombre très-restreint d'exemplaires.* Le troisième volume, qui est sous presse, paraîtra au mois de septembre, et l'ouvrage entier sera terminé avant la fin de l'année.

Encouragé par un public d'élite, nous poursuivons ardemment la collection des travaux historiques concernant l'Amérique septentrionale, et nous réimprimons aujourd'hui les très-remarquables ouvrages de SAGARD sur la Nouvelle France.

Son *Grand Voyage du Pays des Hurons* est devenu une de ces précieuses curiosités littéraires que les bibliographes recherchent avec une avidité extrême, mais se procurent difficilement, même à grand prix.

On nous saura donc gré sans doute de refaire une édition d'un livre aussi rare, et qui, quoique généralement peu connu, mérite tant de l'être.

En tête du quatrième et dernier volume de l'*Histoire du Canada*, par le même auteur, histoire dont la réimpression a dès l'apparition du tome premier reçu un accueil des plus flatteurs dans le monde savant, — nous placerons une notice critique sur Sagard et son œuvre.

Cet accueil bienveillant, on nous permettra de penser qu'il est dû aux soins tout particuliers que nous apportons à la réimpression des ouvrages *singuliers* publiés durant les siècles derniers.

Pour ce qui regarde le vieux et naïf Sagard, notre édition actuelle de ses livres est, — on a déjà pu le remarquer, et pour l'*Histoire du Canada* et pour *le Grand Voyage au pays des Hurons*, — une copie complète, exacte, *matériellement aussi fidèle que possible.*

EDWIN TROSS.

Reprod. par procédé Adam Pilinski

LE GRAND VOYAGE DV PAYS DES HVRONS, situé en l'Amerique vers la Mer douce, és derniers confins de la nouuelle France, dite Canada.

Où il est amplement traité de tout ce qui est du pays, des mœurs & du naturel des Sauuages, de leur gouuernement & façons de faire, tant dedans leurs pays, qu'allans en voyages: De leur foy & croyance; De leurs conseils & guerres, & de quel genre de tourmens ils font mourir leurs prisonniers. Comme ils se marient & esleuent leurs enfans: De leurs Medecins, & des remedes dont ils vsent à leurs maladies: De leurs dances & chansons: De la chasse, de la pesche & des oyseaux & animaux terrestres & aquatiques qu'ils ont. Des richesses du pays: Comme ils cultiuent les terres, & accommodent leur Menestre. De leur deüil, pleurs & lamentations, & comme ils enseuelissent & enterrent leurs morts.

Auec vn Dictionaire de la langue Huronne, pour la commodité de ceux qui ont à voyager dans le pays, & n'ont l'intelligence d'icelle langue.

Par F. GABRIEL SAGARD THEODAT, *Recollet de S. François, de la Prouince de S. Denys en France*

A PARIS,
Chez DENYS MOREAV, ruë S. Iacques, à la Salamandre d'Argent.

M. DC. XXXII.

Auec Priuilege du Roy.

AV ROY DES ROYS

ET TOVT PVISSANT

MONARQUE DV CIEL ET DE LA TERRE

IESVS-CHRIST, *Sauueur du monde.*

'EST à vous ô puissance et bonté infinie! à qui ie m'adresse, et devant qui ie me prosterne la face contre terre, et les ioües baignées d'vn ruisseau de larmes qui affluent sans cesse de mes deux yeux par les ressentimens et amertumes de mon cœur vrayement navré et à iuste titre affligé, de voir tant de pauures âmes Infideles et Barbares touiours gisantes dans les espaisses tenebres de leur infidelité. Vous sçauez (ô mon Seigneur et mon Dieu), que nous auons porté nos vœux depuis tant d'années dans la Nouuelle France, et fait nostre possible pour retirer les âmes de cet esprit tenebreux; mais le secours necessaire de l'Ancienne nous a manqué. Seigneur, nos prieres et nos remonstrances ont de peu servy. Peut-estre, ô mon tres-doux Jesvs, que l'Ange tutelaire que vous luy auez donné, a empesché le secours que nous en esperions pour la nouuelle, coulant doucement dans le cœur et la pensée de ceux qui auoient quelque affection pour le bien du pays, que les tracas, les distractions et les diuers perils qui suyuent et sont annexez à la poursuitte d'vn si grand bien, estoient souuent cause (aux âmes foibles dans la vertu) d'en remporter des fruicts contraires à la vertu. Si cela est, faites, ô mon Dieu, s'il vous plaist, que l'Ange de la Nouuelle France remporte la victoire contre celuy de l'Ancienne; car, bien que quelques vns en fassent mal leur profit, beaucoup en pourront tirer de l'aduantage, assisté de ce grand Ange tutelaire, et principalement de vous, ô mon Dieu, qui pouuez tout, et de qui nous esperons tout le bien qui en peut reüssir; il y va de vostre gloire et de vostre seruice. Ayez donc pitié et compassion de ces pauures âmes, rachetées au prix de vostre sang tres-precieux, ô mon Seigneur et mon Dieu, afin que retirées des tenebres de l'infidelité, elles se conuertissent à vous, et qu'apres auoir vescu iusques à la mort, dans l'obseruance de vos diuins preceptes, elles puissent aller iouyr de vous dans l'eternité, auec les Anges bien-heureux en Paradis, où ie prie vostre diuine Majesté me faire aussi la grâce d'aller, apres auoir vescu icy bas par le moyen de vos grâces, dans la mesme grâce, en l'obseruance de mon Institut, et de vos diuins commandemens.

A TRES-ILLVSTRE

Genereux et puissant prince

HENRY DE LORRAINE

COMTE D'ARCOVRT.

MONSEIGNEVR,

C'est vn sujet puissant, et vn object rauissant, que l'œil et la presence d'vn Prince qui n'a d'affection que pour la vertu. Si ie prends la hardiesse de m'adresser à vostre grandeur, pour luy faire offre (comme ie fais en toute humilité) de mon petit Voyage du pays des Hurons. La faute, si i'en commets, gaigné et doucement charmé par vostre vertu, en doit estre attribuée à l'esclat brillant de vostre mesme vertu. A quel Autel pouuois-je porter mes vœux plus meritoirement qu'au vostre? En qui pouuois-ie trouuer plus d'appuy contre les enuieux et malveillans de mon Histoire, qu'en vn Prince genereux et victorieux comme vous, dont les vertus sont tellement admirées entre les Grands, qu'elles semblent donner loix aux Princes les plus accomplis. Sous l'aisle de vostre protection (si vous l'en daignez honorer), MONSEIGNEVR, ce mien petit traité peut, sans crainte des enuieux, fauorablement parcourir tout l'Vniuers. Vostre naissance et extraction de la tres-ancienne, auguste et royale maison de Lorraine, qui a autre-fois passé les mers, subiugué les Infideles, et possedé, comme Roy, vn si grand nombre d'années, tous les lieux saincts de la Palestine, vous donne du credit, et faict voler vostre nom parmy toutes les Nations de la terre: de sorte que l'on dict d'elle, qu'elle a tousiours esté saincte, et n'a iamais nourry de monstre dans son sein. C'est vne remarque et vn honneur éternel, que ie prie Dieu vous conseruer.

Acceptez donc, MONSEIGNEVR, les bonnes volontez que i'ay pour vostre Grandeur en ce petit present, en attendant que le Ciel me fasse naistre d'autres moyens plus propres, pour recognoistre les obligations que vous auez acquises sur nostre Religieuse Maison, et sur moy particulierement, qui seray toute ma vie,

MONSEIGNEVR,

Vostre tres-humble serviteur en IESVS-CHRIST,

FR. GABRIEL SAGARD,

Indigne Recollet.

De Paris, ce 31 Iuillet 1632.

AU LECTEVR

C'EST vne verité cogneuë de tous, et des Infideles mesmes (disoit un sage des Garamantes au grand Roy Alexandre) que la perfection des hommes ne consiste point à voir beaucoup, ny à sçauoir beaucoup; mais en accomplissant le vouloir et bon plaisir de Dieu. Cette pensée a tenu longtemps mon esprit en suspens, sçauoir si ie deuois demeurer dans le silence, ou agreer à tant d'âmes religieuses et seculieres, qui me sollicitoient de mettre au iour, et faire voir au public, le narré du voyage que i'ay fait dans le pays des Hurons; pource que de moi-mesme ie ne m'y pouuois resoudre. Mais enfin, apres auoir consideré de plus prés le bien qui en pouuoit reüssir à la gloire de Dieu, et au salut du prochain, auec la licence de mes Superieurs i'ay mis la main à la plume, et decrit dans cette Histoire et ce Voyage des Hurons, tout ce qui se peut dire du pays et de ses habitans. La lecture duquel sera d'autant plus agreable à toutes conditions de personnes, que ce liure est parsemé de diuersité de choses: les vnes belles et remarquables en vn peuple Barbare et Sauuage, et les autres brutales et inhumaines à des creatures qui doiuent auoir de la raison, et recognoistre vn Dieu qui les a mis en ce monde, pout iouyr apres d'un Paradis. Quelqu'vn me pourra dire que ie deuois me seruir du style du temps, ou d'vne bonne plume, pour polir et enrichir mes memoires, et leur donner iour au trauers de toutes les difficultez que les esprits enuieux (auiourd'huy trop frequens) me pourroient obiecter: et en effet, i'en ay eu la pensée, non pour m'attribuer le merite et la science d'autruy; mais pour contenter les plus curieux et difficiles dans les entretiens du temps. Au contraire, i'ay esté conseillé de suiure plustost la naïfueté et simplicité de mon style ordinaire (lequel agreera tousiours dauantage aux personnes vertueuses et de merite), que de m'amuser à la recherche d'vn discours poli et fardé, qui auroit voilé ma face, et obscurci la candeur et sincerité de mon Histoire, qui ne doit auoir rien de vain ny de superflu.

Ie m'arreste icy tout court, ie demeure icy en silence, et preste mon oreille patiente aux aduertissemens salutaires de quelques zelans, qui me diront que i'ay employé et ma plume et mon temps, dans vn sujet qui ne rauist pas les âmes comme vn autre sainct Paul, iusqu'au troisiesme Ciel. Il est vray, i'avouë mon manquement et mon demerite; mais ie diray pourtant, et auec verité, que les bonnes âmes y trouueront de quoy s'edifier, et loüer Dieu qui nous a fait naistre dans vn pays Chrestien, où son sainct nom est recogneu et adoré, au prix de tant d'Infideles qui viuent et meurent priuez de sa cognoissance et de son Paradis. Les plus curieux aussi, et les moins deuots, qui n'ont autre sentiment que de se diuertir et d'apprendre dans l'Histoire l'humeur, le gouuernement, et les diuerses actions et ceremonies d'vn peuple barbare, y trouueront aussi de quoy se contenter et satisfaire, et peut-estre leur salut, par la reflexion qu'ils feront sur eux-mesmes.

De mesme, ceux qui poussez d'vn sainct mouuement desireront aller dans le pays pour la conuersion des Sauuages, ou pour s'y habituer et viure chrestiennement, y apprendront aussi quels seront les pays où ils auront à demeurer, et les peuples auec lesquels ils auront à traicter, et ce qui leur sera besoin dans le pays, pour s'en munir auant que de se mettre en chemin. Puis nostre Dictionnaire leur apprendra d'abord toutes les choses principales et necessaires qu'ils auront à dire aux Hurons, et aux autres Prouinces et Nations, chez lesquels cette langue est en vsage, comme aux Petuneux, à la Nation Neutre, à la Prouince de Feu, à celle des Puants, à la Nation des Bois, à celle de la Mine de Cuyvre, aux Yroquois, à la Prouince des Cheueux-Releuez, et à plusieurs autres. Puis en celle des Sorciers, de ceux de l'Isle, de la petite Nation et des Algoumequins, qui la sçauent en partie, pour la necessité qu'ils en ont lorsqu'ils voyagent, ou qu'ils ont à traicter auec quelques personnes de nos Prouinces Huronnes et Sedentaires.

Ie responds à vostre pensée, que le Christianisme est bien peu aduancé dans le pays, nonobstant nos trauaux, le soin et la diligence que les Recollets y ont apportés, bien loin des dix millions d'âmes que nos Religieux ont baptizé à succession de temps dans les Indes Orientales et Occidentales, depuis que le bien-heureux Frère Martin de Valence, et ses compagnons Recollets y eurent mis le pied, et fait les premiers la planche à tous nos autres Freres, qui y ont à present un grand nombre de Prouinces, remplies de Couuents, et en suite à tous les Religieux des autres Ordres, qui y ont esté depuis.

C'est nostre regret et nostre desplaisir de n'y auoir pas esté secondez, et que les choses n'y ont pas si heureusement aduancé, comme nos esperances nous promettoient, foiblement fondées sur des Colonies de bons et vertueux François qu'on y deuoit establir, sans lesquelles on n'y aduancera iamais gueres la gloire de Dieu et le Christianisme n'y sera iamais bien fondé. C'est mon sentiment et celuy de tous les gens de bien non seulement; mais de tous ceux qui se gouuernent tant soit peu auec la lumiere de la raison.

Excuse, si le peu de temps que i'ay eu de composer et dresser mes Memoires et mon Dictionnaire (apres la resolution prise de les mettre en lumiere) y a fait escouler quelques legeres fautes ou redites : car y trauaillant auec vn esprit preoccupé de plusieurs autres charges et commissions, il ne me souuenoit pas souvent en vn temps, ce que i'auois composé et escrit en vn autre. Ce sont fautes qui portent le pardon qu'elles esperent de vostre charité, de laquelle i'implore aussi les prieres, à ce que Dieu m'exempte icy du peché, et me donne son Paradis en l'autre.

TABLE DES CHAPITRES

CONTENVS EN CE LIVRE.

SECONDE PARTIE

Où il est traicté des Animaux terrestres et aquatiques, et des Fruicts, Plantes et Richesses qui se retrouuent communement dans le pays de nos Sauuages ; puis de nostre retour de la Prouince des Hurons en celle de Canada. Auec un petit Dictionnaire des mots principaux de la langue Huronne, necessaire à ceux qui n'ont l'intelligence d'icelle, et ont à traicter auec lesdits Hurons.

PRIVILEGE DV ROY.

Nous par la grâce de Dieu, Roy de France et de Nauarre,

A nos amez et feaux conseillers, les gens tenans nos Cours de Parlemens, Maistres des Requestes ordinaires de nostre Hostel, Preuost de Paris, Baillifs, Seneschaux, et autres nos Iusticiers et Officiers qu'il appartiendra, salut. Nostre bien amé Fr. Gabriel Sagard, Recollet, nous a faict remonstrer qu'il a composé vn liure intitulé : *Le grand Voyage du pays des Hurons, situé en l'Amerique, vers la mer douce, és derniers confins de la Nouuelle France, auec vn Dictionnaire de la langue Huronne.* Lequel il desireroit mettre en lumiere, s'il auoit sur ce nos lettres. A ces causes, desirant bien et fauorablement traicter ledit suppliant, et qu'il ne soit frustré des fruicts de son labeur, luy auons permis, permettons et octroyons par ces presentes, de nos grâces speciales, d'imprimer ou faire imprimer en telle marge et caractere que bon luy semblera ledit liure, iceluy mettre et exposer en vente et distribuer durant le temps de dix ans, deffendant à tous Imprimeurs et autres personnes, de quelque qualité et condition qu'elle soient, d'imprimer ou faire imprimer, mettre ny exposer en vente ledit liure, sans le congé et permission dudit exposant, ou de celuy ayant charge de luy, sur peine de confiscation d'iceux liures, d'amende arbitraire, et à tous despens, dommages et interests enuers lui; à la charge d'en mettre deux exemplaires en nostre Bibliotheque publique. Si vous mandons que du contenu en ces presentes vous fassiez, souffriez et laissiez iouyr et vser ledit exposant pleinement et paisiblement, et à ce faire souffrir et obeyr tous ceux qu'il appartiendra, en mettant au commencement ou à la fin dudit liure ces presentes, ou bref extraict d'icelles, voulons qu'elles soient pour deuëment signifiées : Car tel est nostre plaisir. Donné à Paris le 21. iour de Iuillet, l'an de grace 1632, et de nostre regne le 23.

Par le Conseil.

HVOT.

I'AY sous-signé, consens que le sieur Denys Moreau, lequel i'ay choysi pour mon Imprimeur et Libraire, puisse imprimer mon liure, intitulé le Grand Voyage du pays des Hurons, à la charge de receuoir de moy, vn nouueau consentement, toutes les fois qu'il voudra le reimprimer. Et à ces conditions ie luy remets mon Priuilege que i'ay obtenu du Roy, pour imprimer mondit liure.

Fait à Paris ce 29. Iuillet 1632.

Fr. Gabriel Sagard, Recollet.

Acheué d'imprimer pour la première fois le 10e iour d'Aoust 1632.

APPROBATION DES PERES DE L'ORDRE.

Nous soussignez, Professeurs en la saincte Theologie, Predicateurs et Confésseurs des Peres Recollets de la Prouince de S. Denys en France,

Certifions auoir leu vn liure intitulé, *Voyage du pays des Hurons, situé en l'Amerique, vers la mer douce, és derniers confins de la Nouuelle France, dite Canada* : où il est traité de tout ce qui est du pays, et du gouuernement des Sauuages, auec vn Dictionnaire de la langue Huronne; composé par Fr. Gabriel Sagard Theodat, Religieux de nostre mesme Ordre et Institut; auquel nous n'auons rien trouué contraire à la Religion Catholique, Apostolique et Romaine : ains tres vtile et necessaire au public.

En foy de quoy nous auons signé de nostre main.

Fait en nostre Couuent de Paris le cinquiesme iour de Iuillet 1632.

Fr. IGNACE LE GAVLT, qui sup. Gardien du Couuent des Recollets de Paris.

Fr. IEAN MARIE L'ESCRIVAIN, qui sup.

Fr. ANGE CARRIER, qui sup.

Voyage du pays des Hurons, situé en l'Amerique, vers la mer douce, és derniers confins de la Nouuelle France, dite Canada.

CHAPITRE PREMIER.

LLEZ par tout le monde, et preschez l'Euangile à toute creature, dit nostre Seigneur. C'est le commandement que Dieu donna à ses Apostres, et en suite aux personnes Apostoliques, de porter l'Euangile par tout le monde, pour en chasser l'Idolatrie, et polir les mœurs barbares des Gentils, et eriger les trophées des victoires de sa Croix par son Euangile et la predication de son sainct nom. La vanité de sçauoir et apprendre
les choses curieuses, et les mœurs et diuerses || fa- 1
çons de philosopher, ont poussé ce grand Thianeus Appollonius de ne pardonner à aucun trauail, pour se remplir et rendre illustre par la cognoissance des choses les plus belles et magnifiques de l'Vniuers; c'est ce qui le fit courir de l'Egypte toute l'Afrique, passer les colomnes d'Hercules, traicter auec

les grands hommes et sages d'Espagne, visiter nos Druides és Gaules, couler dans les delices de l'Italie, pour y voir la politesse, grandeur et gentillesse de l'Empire Romain, de là se couler dans la Grèce, puis passer l'Elespont, pour voir les richesses d'Asie; et enfin penetrant les Perses, surmontant le Caucase, passant par les Albaniens, Scythes, Massagettes : bref, apres auoir couru les puissans Royaumes de l'Inde, trauersé le grand fleuue Phison, arriua enfin vers les Brachmanes, pour ouyr ce grand Hyarcas philosopher de la nature et du mouuement des astres : et comme insatiable de sçauoir, apres auoir couru toutes les Prouinces où il pensa apprendre quelque chose d'excellent, pour se rendre plus diuin parmy les hommes ; de tous ses grands trauaux ne laissa rien de memorable qu'vn chetif liure, contenant les dogmes des Pytagori- || ciens, fagoté, poly, doré, qu'il feignoit auoir appris dans l'Antre trophonine, qui fut receu auec tant d'applaudissement des Anciates, que pour eternizer sa memoire ils le consacrerent au plus haut faite de leur plus magnifique Temple.

Ce grand homme, qui auoit acquis par ses voyages tant de suffisance et d'experience, que les Princes, et entr'autres l'Empereur Vespasien, estimoient son amitié de telle sorte, que, soit que, ou par vanité, ou à bon escient, qu'il desira se seruir de luy en la conduite de son grand Empire, il le conuia de s'en venir à Rome auec ses attrayantes paroles, qu'il luy feroit part de tout ce qu'il possedoit, sans en exclure l'Empire, pour monstrer l'estime qu'il faisoit de ce grand personnage; neantmoins il croyoit n'auoir rien remarqué digne de tant de trauail, puis qu'il n'auoit pû rencontrer vne

egalité de iustice (à son aduis) en l'economie du
monde, puis que par tout il auoit trouué le fol commander au sage, le superbe à l'humble, le querelleux au pacifique, l'impie au deuot. Et ce qui luy touchoit le plus le cœur, c'est qu'il n'auoit point trouué l'immortalité en terre.

|| Pour moy, qui ne fus iamais d'vne si enragée enuie 3
d'apprendre en voyageant, puis que nourry en l'escole du Fils de Dieu, sous la discipline reguliere de l'Ordre Seraphique sainct François, où l'on apprend la science solide des Saincts, et hors celle-là tout ce qu'on peut apprendre n'est qu'vn vain amusement d'vn esprit curieux, i'ay voulu faire part au public de ce que i'auois veu en vn voyage de la Nouuelle France, que l'obeyssance de mes Superieurs m'auoit fait entreprendre, pour secourir nos Peres qui y estoient desia, pour tascher à y porter le flambeau de la cognoissance du Fils de Dieu, et en chasser les ténèbres de la barbarie et infidelité, suyuant le commandement que nostre Dieu nous auoit faict en la personne de ses Apostres, afin que, comme nos Peres de nostre Seraphique Ordre de sainct François, auoient les premiers porté l'Euangile dans les Indes Orientales et Occidentales, et arboré l'estendart de nostre redemption és peuples qui n'en auoient iamais ouy parler, ny eu cognoissance, à leur imitation nous y portassions nostre zele et deuotion, afin de faire la mesme conqueste, et
eriger les mesmes trophées || de nostre salut, où le 4
Diable auoit demeuré paisible iusqu'à present.

Ce ne sera pas à l'imitation d'Appollonius, pour y polir mon esprit, et en deuenir plus sage, que ie visiteray ces larges prouinces, où la barbarie et la bruta-

lité y ont pris tels aduantages, que la suite de ce discours vous donnera en l'ame quelque compassion de la misere et aueuglement de ces pauures peuples, où ie vous feray voir quelles obligations nous auons à nostre bon Iesvs, de nous auoir deliurez de telles tenebres et brutalité, et poli nostre esprit iusqu'à le pouuoir cognoistre et aymer, et esperer l'adoption de ses enfans. Vous verrez comme en vn tableau de relief et en riche taille douce, la misere de la nature humaine, vitiée en son origine, priuée de la culture de la foy, destituée des bonnes mœurs, et en proye à la plus funeste barbarie que l'esloignement de la lumiere celeste peut grotesquement conceuoir. Le recit vous en sera d'autant plus agreable par la diuersité des choses que ie vous raconteray auoir remarquées, pendant enuiron deux ans que i'y ay demeuré, que ie me promets que la compassion que vous prendrez de la misere de
5 ceux || qui participent auec vous de la nature humaine, tireront de vos cœurs des vœux, des larmes et des souspirs, pour coniurer le Ciel à lancer sur ces cœurs des lumieres celestes, qui seules les peuuent affranchir de la captiuité du Diable, embellir leurs raisons de discours salutaires, et polir leur rude barbarie de la politesse des bonnes mœurs, afin qu'ayans cogneu qu'ils sont hommes, ils puissent deuenir Chrestiens et participer auec vous de cette foy qui nous honore du riche titre d'enfans de Dieu, coheritiers auec nostre doux Iesvs, de l'heritage qu'il nous a acquis au prix de son sang, où se trouuera cette immortalité veritable, que la vanité d'Appollonius apres tant de voyages, n'auoit pû trouuer en terre, où aussi elle n'a garde de se pouuoir trouuer.

De nostre commencement, et suite de nostre voyage. 6

Chapitre II.

Nostre Congregation s'estant tenuë à Paris, i'eus commandement d'accompagner le Pere Nicolas, vieil Predicateur, pour aller secourir nos Peres, qui auoient la mission de la conuersion des peuples de la Nouuelle France. Nous partismes de Paris auec la benediction de nostre R. Pere Prouincial, le dix-huictiesme de Mars mil six cens vingt-quatre, à l'Apostolique, à pied, et auec l'equipage ordinaire des pauures Peres Recollets Mineurs de nostre glorieux Pere S. François. Nous arriuasmes à Dieppe en bonne santé, où le nauire fretté et prest, n'attendoit que le vent propre pour faire voile et commencer nostre heureux voyage : de sorte qu'à grand peine pusmes-nous prendre quel-
que repos, qu'il || nous fallut embarquer le mesme 7
iour de nostre arriuée, de sorte que nous partismes dés la my nuict auec vn vent assez bon ; mais qui par sa faueur inconstante nous laissa bien-tost, et fusmes surpris d'vn vent contraire, ioignant la coste d'Angleterre, qui causa vn mal de mer fort fascheux à mon compagnon, qui l'incommoda fort, et le contraignit de rendre le tribut à la mer, qui est l'vnique remède

de la guerison de ces indispositions maritimes. Graces à nostre Seigneur, nous auions desia sillonné enuiron cent lieues de mer, auant que ie fusse contrainct à ces fascheuses maladies ; mais i'en ressentis bien depuis, et peux dire auec verité, que ie ne me fusse iamais imaginé que le mal de mer fust si fascheux et ennuyeux comme ie l'experimentay, me semblant n'auoir iamais tant souffert corporellement au reste de ma vie, comme ie souffris pendant trois mois six iours de nauigation, qu'il nous fallut (à cause des vents contraires), pour trauerser ce grand et espouuentable Ocean, et arriuer à Kebec, demeure de nos Peres.

Or, pour ce que le Capitaine de nostre vaisseau
auoit commission d'aller charger || du sel en Broüage, 8
il nous y fallut aller et passer deuant la Rochelle, à la rade de laquelle nous nous arrestasmes deux iours, pendant que nos gens allerent negotier à la ville pour leurs affaires particulieres. Il y auoit là vn grand nombre de nauires Hollandois, tant de guerre que marchands, qui alloient charger du sel en Broüage, et à la riuiere de Suedre, proche Mareine : nous en auions desia trouué en chemin enuiron quatre-vingts ou cent en diuerses flottes, et aucun n'auoit couru sur nous, en tant que nostre pauillon nous faisoit cognoistre ; il y eut seulement vn pirate Hollandois qui nous voulut attaquer et rendre combat, ayant desia à ce dessein ouuert ses sabords, et fait boire et armer ses gens ; mais pour n'estre assez forts, nous gaignasmes le deuant à petit bruit, ce miserable traisnoit desia quant-et-soy vn autre nauire chargé de sucre et autres marchandises, qu'il auoit volé sur des pauures François et Espagnols qui venoient d'Espagne.

De la Rochelle, on prend d'ordinaire vn pilote de
loüage, pour conduire les nauires qui vont à la riuiere
de Suedre, à cause de plusieurs lieux dangereux où
il || conuient passer, et est necessaire que ce soit vn 9
pilote du pays qui conduise en ces endroicts, pour ce
qu'vn autre ne s'y oserait hazarder, il arriua neantmoins que ce pilote de la Rochelle pensa nous perdre; car n'ayant voulu ietter l'anchre par vn temps de bruine, comme on luy conseilloit, se fiant à sa sonde, il nous eschoüa sur les quatre heures du soir, ce fut alors pitié, car on pensoit n'en eschapper iamais : et de faict, si Dieu n'eust calmé le temps, et retenu nostre nauire de se coucher du tout, c'estoit faict du nauire et de tout ce qui estoit dedans. On demeura ainsi iusques enuiron les six ou sept heures du lendemain matin, que la marée nous mit sur pied ; en cet endroict nous n'estions pas à plus d'vn bon quart de lieuë de terre, et nous ne pensions pas estre si proches, autrement on y eust conduit la pluspart de l'équipage auec la chaloupe pendant ce danger, pour descharger d'autant le nauire, et se sauuer tous, au cas qu'il se fust encore tant-soit-peu couché ; car il l'estoit desia tellement, que l'on ne pouuoit plus marcher debout, ains se traisnant et appuyant des mains. Tous estoient fort affligez, et aucun n'eut le courage de boire ny
|| manger, encore que le souper fust prest et seruy, et 10
les bidons et gamelles des matelots remplis : pour moy i'estois fort debile et eusse volontiers pris quelque chose ; mais la crainte de mal edifier m'empescha et me fit ieusner comme les autres, et demeurer en priere toute la nuict auec mon compagnon, attendant la misericorde et assistance du bon Dieu : nos gens

parloient desia de ietter en mer le pilote qui nous auoit
eschoüez. Vne partie vouloient gaigner l'esquif pour
tascher à se sauuer, et le Capitaine menaçoit d'vn
coup de pistolet le premier qui s'y aduanceroit, car sa
raison estoit : sauuer tout, ou tout perdre, et nostre
Seigneur ayant pitié de ma foiblesse me fit la grâce
d'estre fort peu esmeu et estonné pour le danger present et eminent, ny pour tous autres que nous eusmes
pendant nostre voyage, car il ne me vint iamais en la
pensée (me confiant en la diuine bonté, aux merites
de la Vierge et de tous les Saincts) que deussions perir, autrement il y auoit grandement suiet de craindre
pour moy, puis que les plus experimentez pilotes et
mariniers n'estoient pas sans crainte, ce qui estonnoit
1 tout plein de personnes, vn des- || quels, comme fasché
de me voir sans appréhension, pendant vne furieuse
tourmente de huict iours, me dit par reproche, qu'il
auoit dans la pensée que ie n'estois pas Chrestien, de
n'apprehender pas en des perils si eminens, ie luy dis
que nous estions entre les mains de Dieu, et qu'il ne
nous aduiendroit que selon sa saincte volonté, et que
ie m'estois embarqué en intention d'aller gaigner des
ames à nostre Seigneur au pays des Sauuages, et d'y
endurer le martyre, si telle estoit sa saincte volonté :
que si sa diuine misericorde vouloit que ie perisse en
chemin, que ie ne deuois pas moins que d'en estre
content, et que d'auoir tant d'apprehension n'estoit
pas bon signe ; mais que chacun deuoit plustost
tascher de bien mettre son âme auec Dieu, et apres
faire ce qu'on pourroit pour se deliurer du danger et
naufrage, puis laisser le reste du soin à Dieu, et que
bien que ie fusse vn grand pecheur, que ie ne per-

drois pas pourtant l'esperance et la confiance que ie deuois auoir à mon Seigneur et à ses Saincts, qui estoient tesmoins de nostre disgrace et danger, duquel
ils pouuoient nous deliurer, auec le bon plaisir de sa
diuine Majesté, quand il leur plairoit. 12

Apres estre deliurés du peril de la mort, et de la
perte du nauire, qu'on croyoit ineuitable, nous
mismes la voile au vent, et arriuasmes d'assez bonne
heure à la riuiere de Suedre, où l'on deuoit charger
du sel des marais de Mareine. Nous nous desem-
barquasmes, et n'estans qu'à deux bonnes lieuës
de Broüage, nous y allasmes nous rafraischir, auec
nos Freres de la prouince de la Conception, qui y ont
vn assez beau Couuent, lesquels nous y receurent et
accommoderent auec beaucoup de charité. Nostre nauire estant chargé, et prest à se remettre à la voile,
nous retournasmes nous y rembarquer, auec vn nouueau pilote de Mareine, pour nous reconduire iusqu'à
la Rochelle, lequel pensa encore nous eschoüer, ce
qu'indubitablement nous aurions esté, s'il eust faict
tant soit peu obscur. cela luy osta la presomption et
vanité insupportable de laquelle enflé, il s'estimoit le
plus habile pilote de cette mer, aussi estoit-il de la pre-
tenduë Religion, et des plus opiniastres, ainsi qu'estoit le premier qui nous auoit eschoüez, quoy que
plus retenu et modeste.

|| Vers la Rochelle il y a vne grande quantité de mar- 13
souins, mais nos matelots ne se mirent point en peine
d'en harponner aucun, mais ils pescherent quantité
de seiches, qui font grandement bonnes fricassées, et
semblent des blancs d'œufs durs fricassez : ils prindrent aussi des grondins auec des lignes et hameçons

qu'ils laissoient traisner apres le nauire; ce sont poissons vn peu plus gros que des rougets, et desquels on faisoit du potage qui estoit assez bon, et le poisson aussi|: pendant que ie me trouuois mal cela me fortifia vn peu; mais ie me desplaisois grandement que le Chirurgien qui auoit soin des malades estoit Huguenot, et peu affectionné enuers les Religieux, c'est pourquoy i'aymois mieux patir que de le prier, aussi n'estoit-il gueres courtois à personne. Passant deuant l'Isle de Ré, on remplit nos bariques d'eau douce pour nostre voyage, on mit les voiles au vent, et le cap à la route de Canada, puis nous cinglasmes par la Manche en haute mer, à la garde du bon Dieu, et à la mercy des vents.

A deux ou trois cens lieuës de mer, vn pirate ou
forban nous vint recognoistre, et par mocquerie et
14 menace nous dit qu'il || parleroit à nous apres souper,
il ne luy fut rien respondu, mais parti d'aupres de nous on tendit le pont de corde, et chacun se tint sur ses armes pour rendre combat, au cas qu'il fust reuenu, comme il auoit dict: mais il ne retourna point à nous, ayant bien opinion qu'il n'y auoit que des coups à gaigner, et non aucune marchandise: toutesfois il fut encore trois ou quatre iours à voltiger et rôder à nostre veuë, cherchant à faire quelque prise et piraterie.

Il arriua vn accident dans nostre nauire, le premier iour du mois de May, qui nous affligea fort. C'est la coustume en ce mesme iour, que tous les matelots s'arment au matin, et en ordre font vne salue d'escoupeterie au Capitaine du vaisseau: vn bon garçon, peu vsité aux armes, par mesgard et imprudence,

donna vne double ou triple charge à vn meschant
mousquet qu'il auoit, et pensant le tirer il se creua,
et tua le matelot qui estoit à son costé, et en blessa
vn autre legerement à la main. Ie n'ay iamais rien
veu de si resolu comme ce pauure homme blessé à
la mort : car ayant toutes les parties naturelles coup-
pées et emportées, et quelques peaux des || cuisses 16
et du ventre qui luy pendoient : apres qu'il fut
reuenu de pasmoison, à laquelle il estoit tombé du
coup, luy-mesme appela le Chirurgien, et l'enhardit
de coudre sa playe, et d'y appliquer ses remedes, et
iusqu'à la mort parla auec vn esprit aussi sain et
aresté, et d'vne patience si admirable, que l'on ne
l'eust pas iugé malade à sa parole. Le bon Pere Nicolas le confessa, et peu de temps après il mourut :
apres il fut enueloppé dans sa paillasse, et mis le
lendemain matin sur le tillac : nous dismes l'Office
des morts, et toutes les prieres accoustumées, puis le
corps ayant esté mis sur vne planche, fut faict glis-
ser dans la mer, puis vn tison de feu allumé, et vn
coup de canon tiré, qui est la pompe funebre qu'on
rend d'ordinaire à ceux qui meurent sur mer.

Depuis, nous fusmes agitez d'vne tourmente si furieuse, par l'espace de sept ou huict iours continuels, qu'il sembloit que la mer se deust ioindre au
Ciel, de sorte que l'on auoit de l'apprehension qu'il
se vint à rompre quelque membre du nauire, pour
les grands coups de mer qu'il souffroit à tout mo-
ment, ou que les vagues furieuses, qui donnoient
iusques par dessus || la dunette, abysmassent nostre 17
nauire : car elles auoient desia rompu et emporté les
galleries, auec tout ce qui estoit dedans : c'est pour-

quoy on fut contrainct de mettre bas toutes les voiles, et demeurer les bras croisez, portez à la mercy des flots, et ballottez d'vne estrange façon pendant ces furies. Que s'il y auoit quelque coffre mal amarré, on l'entendoit rouler, et quelsquefois la marmite estoit renuersée, et en disnant ou soupant si nous ne tenions bien nos plats, ils voloient d'vn bout de la table à l'autre, et les falloit tenir aussi bien que la tasse à boire, selon le mouuement du nauire, que nous laissions aller à la garde du bon Dieu, puis qu'il ne gouuernoit plus.

Pendant ce temps-là, les plus deuots prioyent Dieu; mais pour les matelots, ie vous asseure que c'est alors qu'ils sont moins deuots, et qu'ils taschent de dissimuler l'apprehension qu'ils ont du naufrage, de peur que venans à en eschapper ils ne soient gaussez les vns des autres, pour la crainte et la peur qu'ils auroient temoignées par leurs deuotions, ce qui est vne vraye inuention du diable, pour faire perdre les per-
18 sonnes en mauuais estat. Il est || tres-bon de ne se point troubler, voire tres-necessaire pour chose qui arriue, à cause qu'on en est moins apte de se tirer du danger; mais il ne s'en faut pas monstrer plus insolent, ains se recommander à Dieu, et trauailler à ce à quoy on pense estre expedient et necessaire à son salut et deliurance. Or, ces tempestes bien souuent nous estoient presagées par les Marsouins, qui enuironnoient nostre vaisseau par milliers, se ioüans d'vne façon fort plaisante, dont les vns ont le museau mousse et gros, et les autres pointu.

Au temps de cette tourmente ie me trouuay vne fois seul auec mon compagnon, dans la chambre du

Capitaine, où ie lisois pour mon contentement spirituel, les Meditations de S. Bonauenture, ſe dict Pere n'ayant pas encore acheué son Office, le disoit à genoüils, proche la fenestre qui regarde sur la gallerie, qu'à mesme temps vn coup de mer rompit vn aiz du siege de la chambre, entre dedans, sousleue vn peu en l'air ledit Pere, et m'enueloppe une partie du corps, ce qui m'esbloüit toute la veuë : neantmoins, sans autrement m'estonner, ie me leue diligemment d'où i'estois assis, à tastons, i'ouure || la porte pour 19
donner cours à l'eau, me ressouuenant auoir ouy dire qu'vn Capitaine auec son fils, se trouuerent vn iour noyez par vn coup de mer qui entra dans leur chambre. Nous eusmes aussi par fois des ressaques iusqu'au grand mast, qui sont des coups tres-dangereux pour enfoncer vn nauire dans l'abysme des eauës. Quand la tempeste nous prit nous estions bien auant au delà des Isles Açores, qui sont au Roy d'Espagne, desquelles nous n'approchasmes pas plus prés que d'vne iournée.

Ordinairement, apres vne grande tempeste vient vn grand calme, comme en effet nous en auions quelquesfois de bien importuns, qui nous empeschoient d'aduancer chemin, durant lesquels les Matelots ioüoient et dansoient sur le tillac; puis quand on voyoit sortir de dessous l'horizon vn nuage espais, c'estoit lors qu'il falloit quitter ces exercices, et se prendre garde d'vn grain de vent qui estoit enueloppé là dedans, lequel se desserrant, grondant et sifflant, estoit capable de renuerser nostre vaisseau sens dessus-dessous, s'il n'y eust eu des gens prests à executer ce que le maistre du nauire leur com-

20 mandoit. Or, le calme qui nous arriua apres cette grande tempeste nous seruit fort à propos, pour tirer de la mer vn grand tonneau de tres-bonne huile d'oliue, que nous apperceusmes assez proche de nous, flottant sur les eauës, nous en apperceusmes encore vn autre deux ou trois iours apres : mais la mer qui commençoit fort à s'enfler, nous osta le moyen de l'auoir : ces tonneaux, comme il est à coniecturer, pouuoient estre de quelque nauire brizé en mer par ces furieuses tourmentes et tempestes que nous auions souffertes peu de temps auparauant.

Quelques iours après nous rencontrasmes vn petit nauire Anglois, qui disoit venir de la Virginie, et de quelqu'autre contrée, car il auoit quantité de palmes, du petun, de la cochenille et des cuirs, il estoit tout desmaté des coups de vent qu'il auoit souffert, et pour pouuoir s'en retourner au pays d'Angleterre et d'Escosse, d'où la pluspart de son equipage estoit, ils auoient accommodé leur mast de misaine qui seul leur estoit resté, à la place du grand mast qui s'estoit rompu, et les autres aussi. Il pensoit s'esquiuer
21 et fuire; mais nous allasmes à luy et l'ar- || restasmes, luy demandant, selon la coustume de la mer, à celuy qui est, ou pense estre le plus fort : d'où est le nauire, il respondit d'Angleterre, on luy repliqua : amenez, c'est à dire, abaissez vos voiles, sortez vostre chalouppe, et venez nous faire voir vostre congé, pour en faire l'examen, que si on est trouué sans le congé de qui il appartient, on le faict passer par la loy et commission de celuy qui le prend : mais il est vray qu'en cela, comme en toute autre chose, il se commet souuent de tres-grands abus, pour ce que tel

feint estre marchand, et auoir bonne commission, qui luy mesme est pirate et marchand tout ensemble, se seruant des deux qualitez selon les occasions et rencontres, et ainsi nos matelots desiroient ils la rencontre de quelque petit nauire Espagnol, où il se trouue ordinairement de riches marchandises, pour en faire curée, et contenter leur conuoitise : c'est pourquoy il ne faut s'approcher d'aucun nauire en mer qu'à bonnes enseignes, de peur qu'vn forban ne soit pris par vn autre pirate. Que si demandant d'où est le nauire on respond, de la mer, c'est à dire, escumeur de mer, c'est qu'il faut venir à bord, et rendre
com- || bat, si on n'ayme mieux se rendre à leur 22
mercy et discretion du plus fort.

C'est aussi la coustume en mer, que quand quelque nauire particulier rencontre vn nauire Royal, de se mettre au dessous du vent, et se presenter non point coste-à coste; mais en biaisant, mesme d'abattre son enseigne (il n'est pas neantmoins de besoin d'en auoir en si grand voyage sinon quand on approche de terre, ou quand il se faut battre).

Pour reuenir à nos Anglois, ils vindrent enfin à nous, sçauoir leur maistre de nauire, et quelques autres des principaux, non toutefois sans vne grande crainte et contradiction, car ils pensoient qu'on les traiteroit de la mesme sorte qu'ils ont accoustumé de traiter les François quand ils en ont le dessus : c'est pourquoy ce Maistre de nauire offrit en particulier à nostre Capitaine, moy present, tout ce qu'ils auoient de marchandise en leur nauire, moyennant la vie sauue, et qu'ainsi despoüillez de tout, fors d'vn peu de viures, on les laissast aller; mais on ne leur fit

aucun tort, et refusa-t-on leur offre, seulement on accepta un baril de patates (ce sont certaines racines
23 des Indes, en forme de gros || naueaux; mais d'vn goust beaucoup plus excellent) et vn autre de petun, qu'ils offrirent volontairement au Capitaine, et à moy vn cadran solaire que ie ne voulois accepter de peur de leur en incommoder: car mon naturel ne sçauroit affliger l'affligé, bien qu'il ne merite compassion.

Le Capitaine de nostre vaisseau, comme sage, ne voulut rien determiner en ce faict de soy mesme, sans l'auoir premierement communiqué aux principaux de son bord, et nous pria d'en dire nostre aduis, qui estoit celuy que principalement il desiroit suiure, pour ne rien faire contre sa conscience, ou qui fust digne de reprehension. Pendant que nous estions en ce conseil, on auoit enuoyé quantité de nos hommes dans ce nauire Anglois pour y estre les plus forts, et en ramener les principaux des leurs dans le nostre, excepté leur Capitaine lequel estoit malade, de laquelle maladie il mourut la nuict mesme. Apres auoir veu tous les papiers de ces pauures gens, et trouué prés d'vn boisseau de lettres qui s'adressoient à des particuliers d'Angleterre, on conclud qu'ils ne pouuoient estre forbans, bien que leur congé ne fust
24 que trop vieux obtenu, attendu || qu'outre qu'ils estoient peu de monde, et encore fort foiblement armez, ils auoient quelques charte-parties, puis toutes ces lettres les mettoient hors de soupçon, et ainsi on les renuoya en leur nauire, apres nous auoir accompagnez trois iours, et pleurant d'ayse d'estre deliurez de l'esclauage ou de la mort qu'ils attendoient : ils nous firent mille remerciemens d'auoir parlé pour

eux, et se prosternoient iusqu'en terre, contre leur coustume, en nous disant adieu.

Ie me recreois par fois, selon que ie me trouuois disposé, à voir ietter l'esuent aux Baleines, et ioüer les petits Balenots, et en ay veu vne infinité, particulierement à Gaspé, où elles nous empeschoient nostre repos par leurs soufflemens et les diuerses courses des Gibars et Baleines. Gibar est vne espece de Baleine, ainsi appellée, à cause d'vne bosse qu'il semble auoir, ayant le dos fort esleué, où il porte vne nageoire. Il n'est pas moins grand que les Baleines, mais non pas si espais ny si gros, et a le museau plus long et plus aigu, et vn tuyau sur le front, par où il iette l'eau de grande violence, quelques-vns à cette cause, l'appellent souffleur. Toutes
les fe- || melles Baleines portent et font leurs petits 25
tous vifs, les allaitent, couurent et contre-gardent de leurs nageoires. Les Gibars et autres Baleines dorment tenans leurs testes esleuées vn peu hors, tellement que ce tuyau est à descouuert et à fleur d'eau. Les Baleines se voyent et descouurent de loin par leur queuë qu'elles monstrent souuent s'enfonçans dans la mer, et aussi par l'eau qu'elles iettent par les esuans, qui est plus d'vn poinçon à la fois, et de la hauteur de deux lances, et de cette eau que la Baleine iette, on peut iuger ce qu'elle peut rendre d'huile. Il y en a telle d'où l'on en peut tirer iusqu'à plus de quatre cens barriques, d'autres six-vingts poinçons, et d'autres moins, et de la langue on en tire ordinairement cinq et six barriques : et Pline rapporte, qu'il s'est trouué des Baleines de six cens

pieds de long, et trois cens soixante de large. Il y en
a desquelles on en pourroit tirer dauantage.

A mon retour ie vis tres-peu de Baleines à Gaspé,
en comparaison de l'année precedente, et ne peux
en conceuoir la cause ny le pourquoy, sinon que ce
26 soit en partie la grande abondance de sang que ||
rendit la playe d'vne grande Baleine, que par plaisir
vn de nos Commis luy auoit faite d'vn coup d'arquebuse à croc, chargée d'une double charge : ce n'est
neantmoins ny la façon, ny la manière de les auoir :
car il y faut bien d'autre inuention, et des artifices
desquels les Basques se sçauent bien seruir, c'est
pourquoy ie n'en fais point de mention, et me contente que d'autres Autheurs en ayent escrit.

La première Baleine que nous vismes en pleine
mer estoit endormie, et passant tout auprés on de-
tourna vn peu le nauire, craignant qu'à son resueil
elle ne nous causast quelque accident. I'en vis vne
entre les autres espouuentablement grosse, et telle
que le Capitaine, et ceux qui la virent, dirent asseurement n'en auoir iamais veu de plus grosse. Ce qui
fit mieux recognoistre sa grosseur et grandeur est, que
se demenant et soustenant contre la mer, elle faisait
voir une partie de son grand corps. Ie m'estonnay
fort d'vn Gibar, lequel auec sa nageoire ou de sa
queuë, car ie ne pouuois pas bien discerner ou recognoistre duquel c'estoit, frappoit si furieusement fort
sur l'eau, qu'on le pouvoit entendre de fort loin, et
27 me dit-on que c'estoit pour || estonner et amasser le
poisson, pour apres s'en gorger. Ie vis vn iour vn
poisson de quelque dix ou douze pieds de longueur,

et gros à proportion, passer tout ioignant nostre nauire : on me dit que c'estoit un Requiem, poisson fort friand de chair humaine, c'est pourquoy qu'il ne fait pas bon se baigner où il y en a, pource qu'il ne manque pas d'engloutir les personnes qu'il peut attraper, ou du moins quelque membre du corps, qu'il coupe aysement auec ses deux ou trois rangées de dents qu'il a en sa gueule, et n'estoit qu'il luy convient tourner le ventre en haut ou de costé pour prendre sa proye, à cause que comme vn Esturgeon, il a sa gueule sous vn long museau, il devoreroit tout : mais il luy faut du temps à se tourner, et par ainsi il ne faict pas tout le mal qu'il feroit, s'il auoit sa gueule autrement.

Assez proche du Grand-Banc, vn de nos matelots herponna vne Dorade, c'est, à mon aduis, le plus beau poisson de toute la mer; car il semble que la Nature se soit delectée et ait pris plaisir à l'embellir de ses diuerses et viues couleurs : de sorte mesme qu'il esblouit presque la veue || des regardans, en se diuersi- 28
fiant et changeant comme le Cameleon, et selon qu'il approche de sa mort il se diuersifie et se change en ses viues couleurs. Il n'auoit pas plus de trois pieds de longueur, et sa nageoire qu'il auoit dessus le dos luy prenoit depuis la teste iusqu'à la queuë, toute dorée et couuerte comme d'vn or tres-fin : comme aussi la queuë, ses aislerons ou nageoires, sinon que parfois il paroissoit de petites taches de la couleur d'vn tres-fin azur, et d'autres de vermillon, puis comme d'vn argenté; le reste du corps est tout doré, argenté, azuré, vermillonné, et de diuerses autres couleurs, il n'est pas gueres large sur le dos, ains estroict, et le ventre aussi; mais il est haut et bien proportionné à

sa grandeur : nous le mangeasmes, et trouuasmes
tres-bon, sinon qu'il estoit un peu sec, quand il fut pris
il suyuoit et se iouoit à nostre vaisseau, car le naturel
de ce poisson suit volontiers les nauires : mais on en
voit peu ailleurs qu'aux Molucques. Nous tirasmes
aussi de la mer vn poisson mort, de mesme façon
qu'vne grosse perche, qui auoit la moitié du corps
entierement rouge ; mais aucun de nos gens ne peut
29 iamais dire ny iuger quel poisson || c'estoit. I'ay aussi
quelquesfois veu voler hors de l'eau des petits poissons,
enuiron de la longueur de quatre ou cinq pieds,
fuyans de plus gros poissons qui les poursuyuoient.
Nos matelots herponnerent vn gros Marsoin femelle,
qui en auoit vn petit dans le ventre, lequel fut lardé
et rosty en guise d'vn leuraut, puis mangé, et la femelle
aussi, laquelle nous seruit plusieurs iours : ce
qui nous fut vne grande regale pour estre las de Salines,
qui est la viande ordinaire de la mer.

Assez prés du Grand-Banc il se voit vn grand nombre
d'oyseaux de mer de diuerses especes, dont les plus
frequents sont des Godets, Happe-foyes et autres,
que nous appelons Fouquets, ressemblans aucunement
au pigeon, sinon qu'ils sont encor vne fois plus
gros, ont les pattes d'oyes, et se repaissent de poisson.
Ces oyseaux seruent de signal aux mariniers de l'approche
dudict Grand-Banc, et de certitude de leur
droicte route : mais ie m'esmerueille, auec plusieurs
autres, où ils peuuent faire leurs nids, et esclore leurs
petits, estans si esloignez de terre. Il y en a qui asseurent,
apres Pline, que sept iours auant, et sept iours
30 apres le Solstice d'hy- || uer la mer se tient calme, et
que pendant ce temps-là les Alcyons font leurs nids,

leurs œufs, et escloient leurs petits, et que la nauigation en est beaucoup plus asseurée : mais d'autres
ne l'asseurent neantmoins que de la mer de Sicile,
c'est pourquoy ie laisse la chose à decider à de plus
sages que moy. Nous prismes à Gaspé vn de ces Fouquets auec vne longue ligne, à l'ain de laquelle y
auoit des entrailles de moluës fraisches qui est l'inuention dont on se sert pour les prendre. Nous en
prismes encor vn autre de cette façon, vn de ces Fouquets grandement affamé, voltigeoit à l'entour de nostre nauire cherchant quelque proye : l'vn de nos matelots aduisé, luy presente vn hareng qu'il tenoit
en sa main, et l'oyseau affamé y descend, et le garçon habile le prit par la patte, et fut pour nous. Nous
le nourrismes et conseruasmes vn assez long temps
dans un seau couuert, où il ne se demenoit aucunement; mais il sçauoit fort bien pincer du bec quand
on s'en vouloit approcher. Plusieurs appellent communement cet oyseau Happe-foyes, à cause de leur
auidité à recueillir et se gorger des foyes des moluës
que l'on iette en mer apres || qu'on leur a ouuert le 31
ventre, desquels ils sont si frians, qu'ils se hazardent
d'approcher du vaisseau et nauire, pour en attrapper
à quelque prix que ce soit.

Le Grand-Banc, duquel nous auons desja parlé, et
au trauers duquel il nous conuenoit passer : ce
sont hautes montagnes, assises en la profonde racine
des abysmes des eaux, lesquelles s'esleuent iusqu'à
trente, quarante et soixante brasses de la surface de la
mer. On le tient de six-vingts lieuës de long, d'autres
disent de deux cens, et soixante de large, passé lequel
on ne trouue plus de fond, non plus que par-deçà,

iusqu'à ce qu'on aborde la terre. Nous y eusmes le
plaisir de la pesche des moluës : car c'est le lieu où
plus particulierement on y en pesche grande quantité,
et sont des meilleures de Terre Neuue : en passant
nous y en peschasmes vn grand nombre, et quelques
Flettans fort gros, qui est vn fort bon poisson; mais
il faict grandement la guerre aux moluës, qu'il
mange en quantité, bien que sa gueule soit petite, à
proportion de son corps, qui est presque faict en la
forme d'vn turbot ou barbuë, mais dix fois plus
32 grand : ils sont fort bons à manger grillés et || bouil-
lis par tranches. Cela est admirable, combien les moluës sont aspres à aualler ce qu'elles rencontrent et
leur vient au deuant, soit l'amorce, fer, pierre, ou
toute autre chose qui tombe dans la mer, que l'on retrouue par-fois dans leur ventre, quand elles ne le
peuuent reuomir, c'est la cause pourquoy l'on en
prend si grand quantité : car à mesme temps qu'elles
apperçoiuent l'amorce, elles l'engloutissent; mais il
faut estre soigneux de tirer promptement la ligne,
autrement elles reuomissent l'ain, et s'eschappent souuent.

Je ne sçay d'où en peut procéder la cause, mais il fait continuellement vn broüillas humide, froid et pluuieux sur ce Grand-Banc, aussi bien en plein Esté comme en Automne, et hors dudict Banc il n'y a rien de tout cela, c'est pourquoy il y feroit grandement ennuyeux et triste, n'estoit le divertissement et la recreation de la pesche. Vne chose, entr'autres, me donnoit bien de la peine lors que ie me portois mal : vne grande enuie de boire vn peu d'eau douce, et nous n'en auions point, par ce que la nostre estoit

deuenue puante, à cause du long-temps que
nous estions sur mer, et si le cidre ne me sembloit || 33
point bon pendant ces indispositions, et encore moins
pouvois-ie vser d'eau de vie, ny sentir le petun ou
merluche, et beaucoup d'autres choses, sans me
trouuer mal du cœur, qui m'estoit comme empoi-
sonné, et souuent bondissant contre les meilleures
viandes et rafraischissemens : estre couché ou ap-
puyé me donnoit quelque allegement, lors principalement que la mer n'estoit point trop haute; mais
lors qu'elle estoit fort enflée, i'estois bercé d'vne mer-
ueilleuse façon, tantost couché de costé, tantost les
pieds esleuez en haut, puis la teste, et tousiours auec
incommodité à l'ordinaire, que si on se portoit bien
tout cela ne seroit rien neantmoins, et s'y accoustu-
meroit-on aussi gayement que les matelots : mais en
toutes choses les commencemens sont tousjours difficiles, qui durent quelquesfois fort long-temps sur
mer, selon la complexion des personnes, et la force de
leurs estomachs.

Quelque temps apres auoir passé le Grand-Banc,
nous passasmes le Banc-à-Vers, ainsi nommé, à
cause qu'aux moluës qu'on y pesche, il s'y trouue
des petits boyaux comme vers, qui remuent : et si
elles ne sont si bonnes ny si blanches à || mon aduis. 34
Nous passasmes apres tout ioignant le Cap Breton (qui
est estimé par la hauteur de 45. degrez 3. quarts de latitude, et 14. degrez 50. minutes de declinaison de
l'Aimant) entre ledict Cap Breton et l'Isle Sainct
Paul, laquelle Isle est inhabitée, et en partie pleine
de rochers, et semble n'auoir pas plus d'vne lieuë
de longueur ou enuiron; mais ledit Cap Breton que

nous auions à main gauche, est vne grande Isle en ſorme triangulaire, qui a 80. ou 100. lieuës de circuit, et est vne terre eslevée, et me sembloit voir l'Angleterre selon qu'elle se presenta à mon obiet, pendant les quatre iours que pour cause des vents contraires nous conuiasmes contre la coste : cette terre du Cap Breton est vne terre sterile, neantmoins agreable en quelques endroicts, bien qu'on y voye peu souuent des Sauuages, à ce qu'on nous dist. A la poincte du Cap, qui regarde et est vis-à-vis de l'Isle Sainct Paul, il y a vn Tertre esleué en forme quarrée, et plate au-dessus, ayant la mer de trois costez, et vn fossé naturel qui le separe de la terre ferme : ce lieu semble auoir esté faict par industrie humaine,
35 pour y bastir vne forteresse au dessus || qui seroit imprenable, mais l'ingratitude de la terre ne merite pas vne si grande despence, ny qu'on pense à s'habituer en lieu si miserable et sterile.

Estans entrez dans le Golfe, ou grande baye St. Laurent, par où on va à Gaspé et Isle Percée, etc., nous trouuasmes dés le lendemain l'Isle aux Oyseaux, tant renommée pour le nombre infiny d'oyseaux qui l'habitent : elle est esloignée enuiron quinze ou seize lieuës de la Grand'Terre, de sorte que de là on ne la peut aucunement descouvrir. Cette Isle est estimée en l'esleuation du Pole de 49. degrez 40. minutes. Ce rocher ou Isle, à mon aduis, plat un peu en talus, et a enuiron vne petite lieuë de circuit, et est presque en oualle, et d'assez difficile accez : nous auions proposé d'y monter s'il eust faict calme, mais la mer vn peu trop agitée nous en empescha. Quand il y faict vent, les oyseaux s'esleuent ſacilement de terre, autre-

ment il y en a de certaines especes qui ne peuuent
presque voler, et qu'on peut aysement assommer à
coups de bastons, comme auoient faict les matelots
d'vn autre nauire, qui auant nous en auoient emply
leur chalouppe, et plusieurs tonneaux des œufs 36
qu'ils trouuèrent aux nids; mais ils y penserent tomber
de foiblesse, pour la puanteur extrême des ordures
desdicts oyseaux. Ces oyseaux pour la pluspart, ne
viuent que de poisson, et bien qu'ils soient de diuerses especes, les vns plus gros, les autres plus petits,
ils ne font point pour l'ordinaire, plusieurs trouppes;
ains comme vne nuée espaisse volent ensemblement
au dessus de l'Isle, et aux enuirons, et ne s'escartent
que pour se'gayer, eslever et se plonger dans la mer :
il y auoit plaisir à les voir librement approcher et
roder à l'entour de nostre vaisseau, et puis se plonger
pour un long temps dans l'eau, cherchant leur proye.
Leurs nids sont tellement arrangez dans l'Isle selon
leurs especes, qu'il n'y a aucune confusion, mais un
bel ordre. Les grands oyseaux sont arrangez plus proches de leurs semblables, et les moins gros ou d'autres
especes, auec ceux qui leur conuiennent, et de tous
en si grande quantité, qu'à peine le pourroit-on iamais persuader à qui ne l'auroit veu. I'en mangeay
d'vn, que les Matelots appellent Guillaume, et ceux
du pays *Apponath*, de plumage blanc et noir, et gros
comme vne poule, auec vne || courte queuë et de peti- 37
tes aisles, qui ne cedoit en bonté à aucun gibier que
nous ayons. Il y en a d'vne autre espèce, plus petits
que les autres, et sont appellez Godets. Il y en a aussi
d'vne autre sorte, mais plus grands, et blancs, sepa-
rez des autres en vn canton de l'Isle, et sont tres-diffi-

ciles à prendre, pource qu'ils mordent comme chiens, et les appelloient Margaux.

Proche de la mesme Isle il y en a vne autre plus petite, et presque de la mesme forme, sur laquelle quelques-vns de nos Matelots estoient montez en vn autre voyage precedent, lesquels me dirent et asseurerent y auoir trouué sur le bord de la mer, des poissons gros comme vn bœuf et qu'ils en tuerent vn, en luy donnant plusieurs coups de leurs armes par dessous le ventre, ayans auparauant frappé en vain vne infinité de coups, et endommagé leurs armes sur les autres parties de son corps, sans le pouuoir blesser, pour la grand' dureté de sa peau, bien que d'ailleurs il soit quasi sans deffence et fort massif.

Ce poisson est appellé par les Espagnols *Maniti*, et
par d'autres *Hippotame*, c'est à dire, cheual de riuiere,
38 et pour moy ie le || prends pour l'Elephant de mer : car
outre qu'il ressemble à vne grosse peau enflée, il a encore deux pieds qui sont ronds, avec quatre ongles faicts comme ceux d'vn Elephant, à ses pieds il a aussi des aillerons ou nageoires, auec lesquelles il nage, et les nageoires qu'il a sur les espaules s'estendent par le milieu iusques à la queuë.

Il est de poil tel que le loup marin, sçauoir gris, brun, et vn peu rougeastres. Il a la teste petite comme celle d'vn bœuf, mais plus descharnée, et le poil plus gros et rude, ayant deux rangs de dents de chacun costé, entre lesquelles y en a deux en chacune part, pendant de la machoire superieure en bas, de la forme de ceux d'un jeune Elephant, desquelles cet animal s'ayde pour grimper sur les rochers (à cause de ces dents, nos Mariniers l'appellent la beste à la grand'-

dent). Il a les yeux petits, et les aureilles courtes, il est long de vingt pieds, et gros de dix, et est si lourd qu'il n'est possible de plus. La femelle rend ses petits comme la vache, sur la terre, aussi a-elle deux mammelles pour les allaicter : en le mangeant il semble plustost chair que poisson, quand il est fraiz vous diriez || que ce seroit veau : et d'autant qu'il est des pois- 39
sons cetases, et portans beaucoup de lard, nos Basques et autres Mariniers en tirent des huiles fort-bonnes, comme de la Baleine, et ne rancit point, ny ne sent iamais le vieil. Il a certaines pierres en la teste, desquelles on se sert contre les douleurs de la pierre, et contre le mal de costé. On le tuë quand il paist de l'herbe à la riue des riuieres ou de la mer, on le prend aussi auec les rets quand il est petit; mais pour la difficulté qu'il y a à l'auoir, et le peu de profit que cela apporte, outre les hazards et dangers où il se faut mettre, cela faict qu'on ne se met pas beaucoup en peine d'en chercher et chasser. Nostre Pere Ioseph me dit auoir veu les dents de celuy qui fut pris, et qu'elles estoient fort grosses, et longues à proportion.

Le lendemain nous eusmes la veuë de la montagne, que les Matelots ont surnommée Table de Roland, à cause de sa hauteur, et les diverses entre coupures qui sont au coupeau, puis peu à peu nous approchasmes des terres iusques à Gaspé, qui est estimé sous la hauteur de 40. degrés deux tiers de latitude, où nous posasmes l'anchre pour quelques iours. Cela nous
|| fut vne grande consolation : car outre le desir et 40
la necessité que nous auions de nous approcher du feu, à cause des humiditez de la mer, l'air de la terre nous sembloit grandement soüef : toute cette Baye es-

toit tellement pleine de Baleines, qu'à la fin elles nous estoient fort importunes, et empeschoient nostre repos par leur continuel tracas, et le bruit de leurs esuents. Nos Matelots y pescherent grande quantité de Homars, Truites et autres diuerses especes de poissons, entre lesquels y en auoit de fort laids, et qui ressembloient aux crapeaux.

Toute cette contrée de terre est fort montagneuse et haute presque par tout, ingrate et sterile, n'y ayant rien que des Sapiniers, Bouleaux, et peu d'autres bois. Deuant la rade, en vn lieu vn peu esleué, on a fait vn petit jardin, que les Matelots cultiuent quand ils sont arriuez là, ils y sèment de l'ozeille et autres petites herbes, lesquelles seruent à faire du potage : ce qu'il y a de plus commode et consolatif, apres la pesche et la chasse qui est mediocrement bonne, est un beau ruisseau d'eau douce tres-bonne à boire, qui descend au
41 port dans la mer, de dessus les || hautes montagnes qui sont à l'opposite, sur le coupeau desquelles me promenant par-fois, pour contempler l'embouchеure du grand fleuue Sainct Laurent, par lequel nous deuions passer pour aller à Tadoussac : apres auoir doublé cette langue de terre et Cap de Gaspé, i'y vis quelques leuraux et perdrix, comme celles que i'ay veuës du depuis dans le pays de nos Hurons : et comme ie désirois m'employer tousiours à quelque chose de pieux, et qui me fournit d'vn renouuellement de ferueur à la poursuite de mon dessein, ie grauois auec la poincte d'vn cousteau dans l'escorce des plus grands arbres, des Croix et des noms de Iesvs, pour signifier à Satan et à ses supposts, que nous prenions possession de cette terre pour le Royaume de Iesus-Christ,

et que doresnauant il n'y auroit plus de pouuoir, et que le seul et vray Dieu y seroit recogneu et adoré.

Ayant laissé notre grand vaisseau au port, et donné ordre pour la pesche de la Moluë, nous nous embarquasmes dans une pinace nommée la Magdeleine, pour aller à Tadoussac, la voile au vent, et le cap estant doublé seulement au troisiesme || iour', à cause des 42
des vents et marées contraires, nous passasmes tousiours costoyans à main gauche, la terre qui est fort haute, et ensuite les Monts nostre Dame, pour lors encore en partie couuerts de neige, bien qu'il n'y en eust plus partout ailleurs. Or les matelots qui ordinairement ne demandent qu'à rire et se recreer, pour adoucir et mettre dans l'oubli les maux passez, font icy des ceremonies ridicules à l'endroict des nouveaux venus, (qui n'ont encore pû estre empeschées par les Religieux) vn d'entr'eux contrefait le Prestre, qui feint de les confesser, en marmottant quelques mots entre ses dents, puis auec vne gamelle ou grand plat de bois, luy verse quantité d'eau sur la teste, auec des ceremonies dignes des Matelots; mais pour en estre bien-tost quittes, et n'encourir une plus grande rigueûr, il se faut racheter de quelque bouteille de vin, ou d'eau de vie, ou bien il se faut attendre d'estre bien mouillé. Que si on pense faire le mauuais ou le retif, l'on a la teste plongée iusques par sous les espaules, dans vn grand bacquet d'eau qui est là disposé tout exprez, comme je vis faire à vn grand garçon qui pensoit resister en la || presence du Capitaine, et de 43
tous ceux qui assistoient à cette ceremonie; mais comme le tout se faict selon leur coustume ancienne, par recreation : aussi ne veulent-ils point que l'on se

desdaigne de passer par la loy, ains gayement et de bonne volonté s'y sousmettre, i'entends les personnes seculieres, et de mediocre condition, ausquelles seules on fait obseruer cette loy.

L'Isle d'Anticosty, où l'on tient qu'il y a des Ours
blancs monstrueusement grands, et qui deuorent les
hommes comme en Noruegne, longue d'enuiron 30.
ou 40. lieues, nous estoit à main droicte, et en suite
des terres plattes couvertes de Sapiniers, et autres petits bois, iusqu'à la rade de Tadoussac. Cette Isle,
auec le Cap de Gaspé, opposite, font l'emboucheure de
ce fleuue, que nous appelons de Sainct Laurent, admirable, en ce qu'il est vn des plus beaux fleuues du
monde, comme m'ont aduoué dans le pays des personnes mesmes qui auoient faict le voyage des Molucques et Antipodes. Il a son entrée selon qu'on peut
presumer et iuger, prés de 20. ou 25. lieuës de large,
plus de 200. brasses de profondeur, et plus de 800.
44 lieuës de cognoissance ; et au bout de || 400. lieuës elle
est encore aussi large que les plus grands fleuues que
nous ayons remarquez, remplie (par endroicts) d'Isles
et de rochers innumerables ; et pour moy ie peux asseurer que l'endroict le plus estroict que i'ay veu, passe
la largeur de 3. et 4. fois la riuiere de Seine, et ne pense
point me tromper, et ce qui est plus admirable, quelques-vns tiennent que cette riuiere prend son origine
de l'un des lacs qui se rencontrent au fil de son cours,
si bien (la chose estant ainsi) qu'il faut qu'il y ait deux
cours, l'vn en Orient vers la France, l'autre en Occident, vers la mer du Su, et me semble que le lac des
Shequaneronons a de mesme deux descharges opposites,
produisant une grande riuiere, qui se va rendre dans

le grands lac des Hurons, et vne autre petite toute à l'opposite qui descend et prend son cours du costé de Kebec, et se perd dans un lac qu'elle rencontre à 7. ou 8. lieuës de sa source : ce fut le chemin par où mes Sauuages me ramenerent des Hurons, pour retrouuer nostre grand fleuue Sainct Laurent, qui conduit à Kebec.

Continuant nostre route, et voguant sur nostre
beau fleuve, à quelques iours de là || nous arrivasmes 45
à la rade de Tadoussac, qui est à une lieuë du port,
et cent lieuës de l'emboucheure de la riuiere, qui n'a
en cet endroict plus que sept ou huict lieuës de large :
le lendemain nous doublasmes la pointe aux Vaches,
et entrasmes au port, qui est iusques où peuuent aller
les grands vaisseaux : c'est pourquoy on tient là des
barques et chaloupes exprez, pour descharger les nauires, et porter ce qui est necessaire à Kebec, y ayant
encor enuiron 50. lieuës de chemin par la riuiere :
car de penser y aller par terre, c'est ce qui ne se peut
esperer, ou du moins semble-il impossible pour les
hautes montagnes, rochers et precipices où il se con-
uiendroit exposer et passer : ce lieu de Tadoussac est
comme vne anse à l'entrée de la riuiere de Saguenay,
où il y a vne marée fort estrange pour sa vistesse, où
quelques fois il vient des vents impetueux, qui amei-
nent de grandes froidures : c'est pourquoy il y fait plus
froid qu'en plusieurs autres lieux plus esloignez du
Soleil de quelques degrés.

Ce port est petit, et n'y pourroient s'abriter qu'enuiron 20. ou 25. vaisseaux au plus. Il y a de l'eau as-
sez, et est à l'abry de la riuiere du || Saguenay, et d'vne 46
petite Isle de rochers, qui est presque coupée de la

mer, le reste sont montagnes hautes esleuées, où il y
a peu de terre, mais force rochers et sables remplis de
bois, comme Sapins et Bouleaux, puis vne petite prairie et forest auprés, tout ioignant la petite Isle de rochers, à main droicte tirant à Kebec, est la belle riuiere du Saguenay, bordée des deux costez de hautes
et steriles montagnes, elle est d'vne profondeur incroyable, comme de 150. ou 200. brasses, elle contient
de large demie-lieuë en des endroicts, et vn quart en
son entrée, où il y a vn courant si grand, qu'il est
trois quarts de marée couru dedans la riuière qu'elle
porte encore dehors, c'est pourquoy on apprehende
grandement, ou que son courant ne reiette et empesche d'entrer au port, ou que la forte marée n'entraisne
dans la riuiere, comme il est vne fois arriué à Mon-
sieur de Pontgraué, lequel s'y pensa perdre, à ce qu'il
nous dit, pour ce qu'il n'y peut prendre fonds, ny ne
sçauoit comment en sortir, ses anchres ne lui seruans
de rien, ny toutes les industries humaines, sans l'assistance particuliere de Dieu, qui seul le sauua, et
47 || empescha de briser son infortuné nauire.

A la rade de Tadoussac, au lieu appelé la Poincte
aux Vaches, estoit dressé au haut du mont, vn village
de Canadiens, fortifié à la façon simple et ordinaire
des Hurons, pour crainte de leurs ennemis. Le nauire y ayant ietté l'anchre, attendant le vent et la marée propre pour entrer au port ie descendis à terre,
fus visiter le village, et entray dans les cabannes des
Sauuages, lesquels ie trouuay assez courtois, m'as-
seant par-fois auprés d'eux, ie prenois plaisir à leurs
petites façons de faire, et à voir trauailler les femmes,
les vnes à matachier et peinturer leurs robes, et les

autres à coudre leurs escuelles d'escorces, et faire
plusieurs autres petites ioliuetez auec des poinctes de
porc-espics, teintes en rouge cramoisi. A la verité ie
trouuai leur manger maussade et fort à contre-cœur,
comme n'estant accoustumé à ces mets sauuages, quoy
que leur courtoisie et ciuilité non sauuage m'en offrit,
comme aussi d'vn peu d'eau de riuiere à boire, qui
estoit là dans vn chaudron fort mal net, de quoy ie
les remerciay humblement. Apres, ie m'en allay au
port par le chemin de la forest, auec quelques Fran- 48
çois que i'auois de compagnie : mais à peine y fusmes-
nous arriuez, et entrez dans nostre barque, qu'il pensa
nous y arriuer quelque disgrace. Ce fut que le principal Capitaine des Sauuages, que nous nommons la
Forière, estant venu nous voir dans nostre barque,
et n'estant pas content du petit present de figues que
nostre Capitaine luy auoit faict au sortir du vaisseau,
il les ietta dans la riuiere par despit, et aduisa ses Sauuages d'entrer tous fil-à-fil dans nostre barque, et d'y
prendre et emporter toutes les marchandises qui leur
faisoient besoin, et d'en donner si peu de pelleteries
qu'ils voudroient, puis qu'on ne l'auoit pas contenté.
Ils y entrerent donc tous auec tant d'insolence et de
brauade, qu'ayans eux-mesmes ouuert l'escoutille, et
tiré hors de dessous les tillacs ce qu'ils voulurent, ils
n'en donnerent pour lors de pelleterie qu'à leur volonté, sans que personne les en peust empescher ou
resister. Le mal pour nous fut d'y en auoir trop laissé entrer à la fois, veu le peu de gens que nous estions, car nous n'y estions lors que six ou sept, le
reste de l'equipage ayant esté enuoyé ailleurs : c'est
ce qui fit || filer doux à nos gens, et les laisser ainsi 49

faire, de peur d'estre assommez ou iettez dans la riuière, comme ils en cherchoient l'occasion, ou quelque couuerture honneste pour le pouuoir librement faire sans en estre blasmez.

Le soir, tout nostre equipage estant de retour, les Sauuages ayant crainte, ou marris du tort qu'ils auoient faict aux François, tindrent conseil entr'eux, et aduiserent en quoy et de combien ils les pouuoient auoir trompez, et s'estans cotisez apporterent autant de pelleteries, et plus que ne valloit le tort qu'ils auoient faict, ce que l'on receut, auec promesse d'oublier tout le passé, et de continuer tousjours dans l'amitié ancienne, et pour asseurance et confirmation de paix, on tira deux coups de canon, et les fit-on boire vn peu de vin, ce qui les contenta fort, et nous encor plus : car à dire vray, on craint plus de mescontenter les Sauuages, qu'ils n'ont d'offenser les Marchands.

Ce Capitaine Sauvage m'importuna fort de luy
donner nostre Croix et nostre Chapelet, qu'il appeloit
Iesus (du nom mesme qu'ils appellent le Soleil) pour
50 pendre à son col ; mais ie ne pus lui accor- || der, pour
estre en lieu où ie n'en pouuois recouurer un autre.
Pendant ce peu de iours que nous fusmes là, on pescha grande quantité de Harengs et des petits Oursins, que nous amassions sur le bord de l'eau, et les mangions en guise d'Huitres Quelques-vns croyent en France que le Hareng frais meurt à mesme temps qu'il sort de son element, i'en ay veu neantmoins sauter vifs sur le tillac vn bien peu de temps, puis mouroient ; les Loups marins se gorgeoient aussi par-fois en nos filets des Harengs que nous y prenions, sans les en pouuoir empescher, et estoient si fins et si ru-

sez, qu'ils sortoient par-fois leurs testes hors de l'eau, pour se donner garde d'estre surpris, et voir de quel costé estoient les pescheurs, puis rentroient dans l'eau, et pendant la nuict nous oyons souuent leurs voix, qui ressembloient presqu'à celles des Chats huans (chose contraire à l'opinion de ceux qui ont dict et escrit que les poissons n'auoient point de voix).

Proche de là, sur le chemin de Kebec, et l'Isle aux Allouettes, ainsi nommée, pour le nombre infiny qui s'y trouue par-fois. I'en ay eu quelques-vnes en vie,
|| elles ont leur petit capuce en teste comme les nostres, 51
mais elles sont vn peu plus petites, et de plumage vn peu plus gris et moins obscur, mais le goust de la chair en est de mesme. Cette isle presque couuerte, pour la pluspart, que de sable, qui faict que l'on en tue vn grand nombre d'vn seul coup d'arquebuse : car donnant à fleur de terre, le sable en tue plus que ne faict la poudre de plomb, tesmoin celuy qui en tua trois cens et plus d'vn seul coup.

Sur ce mesme chemin de Kebec, nous trouuasmes aussi en diuers endroicts plusieurs grandes troupes de Marsouins, entierement et parfaictement blancs comme neige par tout le corps, lesquels proche les vns des autres, se ioüoyent, et se sousleuant monstroient ensemblement vne partie de leurs grands corps hors de l'eau, qui est, à peu prés, gros comme celuy d'vne vache, et long à proportion, et à cause de cette pesanteur, et que ce poisson ne peut seruir que pour en tirer de l'huile: l'on ne s'amuse pas à cette pesche, partout ailleurs nous n'en auons point veu de blancs ny de si gros : car ceux de la mer sont noirs, bons à
manger, et beau- || coup plus petits. Il y a aussi en 52

chemin des Echos admirables, qui repetent et sonnent tellement les paroles, et si distinctement, qu'ils n'en obmettent vne seule syllabe, et diriez proprement que ce soient personnes qui contrefont ou repetent ce que voùs dites et chantez.

Nous passasmes apres, ioignans l'Isle aux Coudres, laquelle peut contenir enuiron vne lieuë et demie de long, elle est quelque peu vnie, venant en diminuant par les deux bouts, assez agreable, à cause des bois qui l'enuironnent, distante de la terre du Nord d'enuiron demye lieuë. De l'Isle aux Coudres, costoyans la terre, nous fusmes au Cap de Tourmente, distant de Kebec sept ou huict lieuës : Il est ainsi nommé, d'autant que pour peu qu'il fasse de vent la mer s'y esleue comme si elle estoit pleine, en ce lieu l'eau commence à estre douce, et les Hyuernaux de Kebec y vont prendre et amasser le foin en ces grandes prairies (en la saison) pour le bestail de l'habitation. De là nous fusmes à l'Isle d'Orleans, où il y a deux lieuës, en laquelle du costé du Su, y a nombre d'Isles qui sont basses, couuertes d'arbres, et fort agreables, remplies || de grandes prairies et force gibier, contenans les vnes enuiron deux lieuës, et les autres vn peu plus ou moins. Autour d'icelles y a force rochers et basses, fort dangereuses à passer, qui sont esloignées enuiron de deux lieuës de la grand'terre du Su. Ce lieu est le commencement du beau et bon pays de la grande riuiere. Au bout de l'Isle il y a vn saut ou torrent d'eau, appellé de Montmorency, du costé du Nord, qui tombe dans la grand'riuiere, auec grand bruit et impetuosité. Il vient d'vn lac qui est quelques dix ou douze lieuës dans les terres, et descend de dessus vne coste qui a prés de 25. toises de haut, au dessus de laquelle la terre est vnie et plaisante à voir, bien que dans le pays on voye des hautes montagnes qui paroissent, mais esloignées de plusieurs lieuës.

|| *De Kebec, demeure des François, et des Peres Recollets.* 54

Chapitre III.

De l'Isle d'Orleans nous voyons à plein Kebec deuant nous, basty sur le bord d'vn
destroit, de la grande riuiere Sainct Laurent, qui n'a en cet endroict qu'enuiron
vn bon quart de lieuë de largeur, au pied d'vne montagne, au sommet de laquelle est le petit fort de bois,
basty pour la deffence du pays, pour Kebec, ou maison des Marchands : il est à present vn assez beau logis, enuironné d'vne muraille en quarré, auec deux
petites tourelles aux coins que l'on y a faictes depuis
peu pour la seureté du lieu. Il y a vn autre logis au
dessus de la terre haute, en lieu fort commode, où
l'on nourrit quantité de bestail qu'on y a mené de
France, on y seme aussi tous les ans force bled d'Inde
et des pois que l'on traicte par apres aux Sauuages
pour des pelleteries : Ie vis en ce desert vn ieune || pom- 55
mier, qui y auoit esté apporté de Normandie, chargé
de fort belles pommes, et des ieunes plantes de vignes
qui y estoient bien belles, et tout plein d'autres peti-

tes choses qui tesmoignoient la bonté de la terre. Nostre petit couuent est à demye lieuë de là, en vn tres-bel endroict, et autant agreable qu'il s'en puisse trouuer, proche vne petite riuiere, que nous appellons de Sainct Charles, qui a flux et reflux, là où les Sauuages peschent vne infinité d'anguilles en Automne, et les François tuent le gibier qui y vient à foison : les petites prairies qui la bordent sont esmaillées en Esté de plusieurs petites fleurs, particulierement de celles que nous appellons Cardinales et des Mattagons, qui portent quantité de fleurs en vne tige, qui a prés de six, sept et huict pieds de haut, et les Sauuages en mangent l'oignon cuit sous la cendre qui est assez bon. Nous en auions apporté en France, auec des plantes de Cardinales, comme fleurs rares, mais elles n'y ont point profité, ny paruenu à la perfection, comme elles sont dans leur propre climat et terre natale.

56 Nostre jardin et verger est aussi tres- || beau, et d'vn bon fond de terre; car toutes nos herbes et racines y viennent tres-bien, et mieux qu'en beaucoup de jardins que nous auons en France, et n'estoit le nombre infiny de Mousquites et Cousins qui s'y retrouuent, comme en tout autre endroict de Canada pendant l'Esté, ie ne sçay si on pourroit rencontrer vne plus agreable demeure : car outre la beauté et bonté de la contrée auec le bon air, nostre logis est fort commode pour ce qu'il contient, ressemblant neantmoins plustost à vne petite maison de Noblesse des champs, que non pas à vn Monastère de Frères Mineurs, ayans esté contraincts de le bastir ainsi, tant à cause de nostre pauureté, que pour se fortifier en tout cas contre les Sauuages, s'ils vouloient nous en dechasser. Le corps

de logis est au milieu de la court, comme vn donjon, puis les courtines et rempars faicts de bois, auec quatre petits bastions faicts de mesme aux quatre coins, esleuez enuiron de douze à quinze pieds du raiz de terre, sur lequel on a dressé et accommodé des petits iardins, puis la grand' porte auec vne tour quarrée au dessus faicte de pierre, laquelle nous sert de Chapelle, et vn beau fossé || naturel, qui circuit tout l'alentour de la maison et du iardin qui est ioignant, avec le reste de l'enclos, qui contient quelques six ou sept arpens de terre, ou plus à mon aduis. Les Framboisiers qui sont là és enuirons, y attirent tant de Tourterelles (en la saison) que c'est vn plaisir d'y en voir des arbres tous couuerts, aussi les François de l'habitation y vont souuent tirer, comme au meilleur endroict et moins penible. Que si nos Religieux veulent aller à Kebec, ou ceux de Kebec venir chez nous, il y a à choisir de chemin, par terre ou par eau, selon le temps et la saison, qui n'est pas vne petite commodité de laquelle les Sauuages se seruent aussi pour nous venir voir, et s'instruire auec nous du chemin du Ciel, et de la cognoissance d'vn Dieu faict homme, qu'ils ont ignoré iusques à present. On tient que ce lieu de Kebec est par les 46. degrez et demy plus sud que Paris, de prés de deux degrez, et neantmoins l'Hyver y est plus long et le pays plus froid, tant à cause d'vn vent de Nor-ouest qui y ameine ces furieuses froidures quand il donne, que pour n'estre pas le pays encore gueres habité et deserté, et ce par la || negligence et peu d'affection des Marchans qui se sont contentez iusques à present d'en tirer les pelleteries et le profit, sans y auoir voulu employer aucune despense, pour la culture, peuplade ou aduance du pays, c'est pourquoy ils n'y sont gueres plus avancez que le premier iour, par crainte, disent-ils, que les Espagnols ne les en missent dehors, s'ils y auoient faict valoir la contrée. Mais c'est une excuse bien foible,.et qui n'est nullement receuable entre gens d'esprit et d'experience qui sauent tres-bien qu'on s'y peut tellement accommoder et fortifier, si on y vouloit faire la despense necessaire, qu'on n'en pourroit estre chassé par aucun ennemy; mais si on n'y veut rien faire davantage que du passé, la France Antarctique aura tousiours vn nom en l'air, et nous vne possession imaginaire en la main d'autruy, et si la conuersion des Sauuages sera tousiours imparfaicte, qui ne se peut faire que par l'assistance de quelques colonnes de bons et vertueux Chrestiens, auec la doctrine et l'exemple des bons Religieux.

Apres nous estre rafraischis deux ou trois iours
59 auec nos Freres dans nostre pe- || tit Couuent, nous montasmes auec les barques par la mesme riuiere Sainct Laurent, iusques au Cap de Victoire, que les Hurons appellent *Onthrandéen*, pour y faire la traicte: car là s'estoient cabanez grand nombre de Sauuages de diuerses Nations; mais auant que d'y arriuer nous passasmes par le lieu appelé de Saincte Croix, puis par les Trois Riuieres, qui est vn pays tres-beau, et remply de quantité de beaux arbres, et toute la route vnie et fort plaisante, iusques à l'entrée du Saut Sainct Loüis, où il y a de Kebec plus de 60. ou 70. lieuës de chemin. Des Trois Riuieres nous passasmes par le lac Sainct Pierre, qui contient quelques huict lieuës de longueur, et quatre de large, duquel

l'eau y est presque dormante, et fort poissonneuse; puis, nous arriuasmes au Cap de Victoire le iour de la Sainscte Magdeleine.

|| *Du Cap de Victoire aux Hurons, et comme les Sauuages se* 60
gouuernent allans en voyage et par pays.

CHAPITRE IIII.

Ce lieu du Cap de Victoire ou de Massacre, est à douze ou quinze lieuës au deçà de la Riuiere des Prairies, ainsi nommée, pour la quantité d'Isles plates et prairies agreables que cette riuiere, et vn beau et grand lac y contiennent; la riuiere des Yroquois y aboutit à main gauche, comme celle des Ignierhonons, qui est encore vne Nation d'Yroquois, aboutit à celle du Cap de Victoire : toutes ces contrées sont tres-agreables, et propres à y bastir des villes, les terres y sont plates et vnies, mais vn peu sablonneuses, les riuieres y sont poissonneuses, et la chasse et l'air fort bons, ioint que pour la grandeur et profondeur de la riuiere, les
barques y peuuent aller à la voile quand les || vents 61
sont bons, et à faute de bon vent on se peut seruir d'auirons.

Pour reuenir donc au Cap de Victoire, la riuiere en cet endroict, n'a enuiron que demye lieuë de large, et dés l'entrée se voyent tout d'vn rang 6. ou 7. Isles fort agreables et couuertes de beaux bois; les Hurons y ayans faict leur traite, et agreé pour quelques petits presens de nous conduire en leur pays le Pere Ioseph, le Pere Nicolas et moy, nous partismes en mesme temps auuec eux, apres auoir premierement inuoqué l'assistance de nostre Seigneur, à ce qu'il nous conduisist et donnast vn bon et heureux succez à nostre voyage, le tout à sa gloire, à nostre salut, et au bien et conuersion de ces pauures peuples.

Mais pour ce que les Hurons ne s'associent que
cinq à cinq, ou six à six pour chacun canot, ces petits vaisseaux n'en pouuans pour le plus, contenir
qu'vn dauantage auec leurs marchandises : il nous
fallut necessairement separer, et nous accommoder à
part, chacun auec vne de ces societez ou petit canot,
qui nous conduisirent iusques dans leur pays, sans
nous plus reuoir en chemin que les deux premiers
62 || iours que nous logeasmes auec le Pere Ioseph, et
puis plus, iusques à plusieurs sepmaines apres nostre
arriuée au pays des Hurons; mais pour le Pere Nicolas, ie le trouuay pour la premiere fois, enuiron
deux cens lieuës de Kebec, en vne Nation que nous
appellons Epicerinys ou Sorciers, et en Huron *Squekaneronons*.

Nostre premier giste fut à la riuiere des Prairies, qui est à cinq lieuës au dessous du Saut Saint Loüis, où nous trouuasmes desia d'autres Sauuages cabanez, qui faisoient festin d'vn grand Ours, qu'ils auoient pris et poursuiuy dans la riuiere, pensant se sauuer aux Isles voysines, mais la vitesse des Canots l'ataignit, et fut tué à coups de flesches et de massuë. Ces Sauuages en leur festin, et caressans la chaudiere, chantoient tous ensemblement, puis alternatiuement

d'vn chant si doux et agreable, que i'en demeuray
tout estonné, et rauy d'admiration : de sorte que depuis ie n'ay rien ouy de plus admirable entr'eux ;
car leur chant ordinaire est assez mal-gracieux.

Nous cabanasmes assez proche d'eux, et fismes
chaudiere à la Huronne, mais ie ne pû encore man-
ger de leur *Sagamité* || pour ce coup, pour n'y estre 63
pas accoustumé, et me fallut ainsi coucher sans souper, car ils auoient aussi mangé en chemin vn petit
sac de biscuit de mer que i'auois pris aux barques,
pensant qu'il me deust durer iusques aux Hurons,
mais ils n'y laisserent rien de reste pour le lendemain,
tant ils le trouuerent bon. Nostre lict fut la terre nuë,
auec vne pierre pour mon cheuet, plus que n'auoient
nos gens, qui n'ont accoustumé d'auoir la teste plus
haute que les pieds; nostre maison estoit deux escorces de Bouleau, posées contre quatre petites perches
fichées en terre, et accommodées, en panchans, au
dessus de nous. Mais pour ce que leur façon de faire,
et leur maniere de s'accommoder allans en voyage,
est presque tousiours de mesme, ie diray succincte-
ment cy-aprés comme ils s'y gouuernent.

C'est, que pour pratiquer la patience à bon escient,
et patir au delà des forces humaines, il ne faut qu'entreprendre des voyages auec les Sauuages, et specialement long-temps, comme nous fismes : car il se faut
resoudre d'y endurer et patir, outre le danger de perir en chemin, plus que l'on ne sçauroit penser, tant
de la faim, || que de la puanteur que ces salles maus- 64
sades rendent presque continuellement dans leurs
Canots, ce qui seroit capable de se desgouter du tout
de si desagreables compagnies, que pour coucher

tousiours sur la terre nuë par les champs, marcher
auec grand trauuail dans les eaux et lieux fangeux,
et en quelques endroicts par des rochers et bois obs-
curs et touffus, souffrir les pluyes sur le dos, toutes
les iniures des saisons et du temps, et la morsure
d'vne infinie multitude de Mousquites et Cousins,
auec la difficulté de la langue pour pouuoir s'expliquer suffisamment, et manifester ses necessitez, et
n'auoir aucun Chrestien auec soy pour se communiquer et consoler au milieu de ses trauaux, bien que
d'ailleurs les Sauuages soient toutesfois assez humains
(au moins l'estoient les miens) voire plus que ne sont
beaucoup de personnes plus polies et moins sauuages ; car me voyant passer plusieurs iours sans pouuoir presque manger de leur *Sagamité*, ainsi sallement
et pauurement accommodée, ils auoient quelque
compassion de moy, et m'encourageoient et assistoient au mieux qu'il leur estoit possible, et ce qu'ils
65 pouuoient estoit peu de chose : || cela alloit bien pour
moy, qui m'estois resous de bonne heure à endurer
de bon cœur tout ce qu'il plairoit à Dieu m'enuoyer ;
ou la mort, ou la vie : c'est pourquoy ie me mainte-
nois assez ioyeux, nonobstant ma grande debilité, et
chantois souuent des Hymnes pour ma consolation
spirituelle, et le contentement de mes Sauuages, qui
m'en prioient par-fois, car ils n'ayment point à voir les
personnes tristes et chagrines, ny impatientes, pour
estre eux-mesmes beaucoup plus patiens que ne sont
communement nos François, ainsi l'ay-ie veu en vne
infinité d'occasions : ce qui me faisoit grandement
rentrer en moy mesme, et admirer leur constance, et
le pouuoir qu'ils ont sur leurs propres passions, et

comme ils sçauent bien se supporter les vns les autres, et s'entresecourir et assister au besoin ; et peux dire auec verité, que i'ay trouué plus de bien en eux, que ie ne m'estois imaginé, et que l'exemple de leur patience estoit cause que ie m'esforçois dauantage à supporter ioyeusement et constamment tout ce qui m'arriuoit de fascheux, pour l'amour de mon Dieu, et l'édification de mon prochain.

|| Estans donc par les champs, l'heure de se cabaner 66
venue, ils cherchoient à se mettre en quelque endroict
commode sur le bord de la riuiere, ou autre part, où
se pust aysement trouuer du bois sec à faire du feu,
puis vn auoit soin d'en chercher et amasser, vn autre
de dresser la Cabane, et le bois à pendre la chaudiere au feu, vn autre de chercher deux pierres plates pour concasser le bled d'Inde sur vne peau estendue contre terre, et apres le verser et faire boüillir
dans la chaudiere; estant cuit fort clair, on dressoit
le tout dans les escuelles d'escorces, que pour cet effect nous portions quant-et-nous auec des grandes
cueilliers, comme petits plats, desquelles on se sert à
manger cette Menestre et Sagamité soir et matin, qui
sont les deux fois seulement que l'on fait chaudiere
par iour, sçauoir quand on est cabané au soir, et au
matin auant que partir, et encore quelquesfois ne le
faisions-nous point, de haste que nous auions de
partir, et par-fois la faisions-nous auant iour : que
si nous nous rencontrions deux mesnages en vne
mesme Cabane, chacun faisoit sa chaudiere à part,
puis tous ensemblement les mangions l'vne apres
l'autre, sans au || cun debat ny contention, et chacun 67
participoit et à l'vne et à l'autre : mais pour moy ie

me contentois, pour l'ordinaire, de la Sagamité des deux qui m'agreoit dauantage, bien qu'à l'vne et à l'autre il y eust tousiours des salletez et ordures, à cause, en partie, qu'on se seruoit tous les iours de nouuelles pierres, et assez mal-nettes, pour concasser le bled, ioint que les escuelles ne pouuoient sentir gueres bon : car ayans necessité de faire de l'eau en leur Canot, ils s'en seruoient ordinairement en cette action : mais sur terre ils s'accroupissoient en quelque lieu à l'escart auec de l'honnesteté et de la modestie qui n'auait rien de sauuage.

Ils faisoient par-fois chaudiere de bled d'Inde non concassé, et bien qu'il fust tousiours fort dur, pour la difficulté qu'il y a à le faire cuire, il m'agreoit dauantage au commencement, pour ce que ie le prenois grain à grain, et par ainsi ie le mangeois nettement et à loisir en marchant, et dans nostre Canot. Aux endroits de la riuiere et des lacs où ils pensoient auoir du poisson, ils y laissoient traisner apres eux vne ligne, à l'ain de laquelle ils auoient accom-
68 modé et lié de la peau || de quelque grenouille qu'ils auoient escorchée, et par-fois ils y prenoient du poisson, qui seruoit à donner goust à la chaudiere : mais quand le temps ne les pressoit point, comme lors qu'ils descendoient pour la traicte, le soir ayans cabané, vne partie d'eux alloient tendre leurs rets dans la riuiere, en laquelle ils prenoient souuent de bons poissons, comme Brochets, Esturgeons et des Carpes, qui ne sont neantmoins telles, ny si bonnes, ny si grosses que les nostres, puis plusieurs autres especes de poissons que nous n'auons pas par deçà.

Le bled d'Inde que nous mangions en chemin, ils

l'alloient chercher de deux en deux iours en de certains lieux escartez, où ils l'auoient caché en descendans, dans de petits sacs d'escorces de Bouleau : car autrement ce leur seroit trop de peine de porter tousiours quant-et-eux tout le bled qui leur est necessaire en leur voyage, et m'estonnois grandement comme ils pouuoient si bien remarquer tous les endroicts où ils l'auoient caché, sans se mesprendre aucunement, bien qu'il fust par-fois fort esloigné du chemin, et bien auant dans les bois, ou enterré dans le sable.

|| La maniere et l'inuention qu'ils auoient à tirer du 69
feu, et laquelle est pratiquée par tous les peuples Sauuages, est telle. Ils prenoient deux bastons de bois de saulx, tillet, ou d'autre espece, secs et legers, puis en accommodoient vn d'enuiron la longueur d'vne coudée, ou peu moins, et espaiz d'vn doigt ou d'enuiron, et ayans sur le bord de sa largeur vn peu caué de la poincte d'vn cousteau, ou de la dent d'vn Castor, vne petite fossette auec vn petit cran à costé, pour faire tomber à bas sur quelque bout de meiche, ou chose propre à prendre feu, la poudre reduite en feu, qui deuoit tomber du trou : ils mettoient la poincte d'vn autre baston du mesme bois, gros comme le petit doigt, ou peu moins, dans ce trou ainsi commencé, et estans contre terre le genoüil sur le bout du baston large, ils tournoient l'autre entre les mains si soudainement et si longtemps, que les deux bois estans bien eschauffez, la poudre qui en sortoit à cause de cette continuelle agitation, se conuertissoit en feu, duquel ils allumoient vn bout de leur corde seiche, qui conserue le feu comme meiche d'arquebuze : puis apres auec vn peu de menu bois

70 sec ils faisoient || du feu pour faire chaudiere. Mais il faut noter que tout bois n'est propre à en tirer du feu, ains de particulier que les Sauuages sçauent choisir. Or, quand ils auoient de la difficulté d'en tirer, ils deminçoient dans ce trou vn peu de charbon, ou vn peu de bois sec en poudre qu'ils prenoient à quelque souche : s'ils n'auoient vn baston large, comme i'ay dict, ils en prenoient deux ronds, et les lioient ensemble par les deux bouts, et estans couchez le genoüil dessus pour les tenir, mettoient entre-deux la poincte d'vn autre baston de ce bois, faict de la façon d'vne nauette de tissier, et le tournoient par l'autre bout entre les mains, comme i'ay dict.

Pour reuenir donc à nostre voyage, nous ne faisions chaudiere que deux fois le iour, et n'en pouuant gueres manger à la fois, pour n'y estre encore accoustumé, il ne faut pas demander si ie patissois grandement de necessité plus que mes Sauuages, qui estoient accoustumez à cette maniere de viure, ioint que petunant assez souuent durant le iour, cela leur amortissoit la faim.

L'humanité de mon hoste estoit remarquable, en
71 ce que n'ayant pour toute cou- || uerture qu'vne peau d'Ours à se couurir, encore m'en faisoit-il part quand il pleuuoit la nuict, sans que ie l'en priasse, et mesme me disposoit la place le soir, où ie deuois reposer la nuict, y accommodant quelques petits rameaux, et vne petite natte de jonc qu'ils ont accoustumé de porter quant-et-eux en de longs voyages, et compatissant à ma peine et foiblesse, il m'exemptoit de nager et de tenir l'auiron, qui n'estoit pas me deschar-

ger d'vne petite peine, outre le seruice qu'il me faisoit de porter mes hardes et mon pacquet aux Saults,
bien qu'il fust desia assez chargé de sa marchandise,
et du Canot qu'il portoit sur son espaule parmy de
si fascheux et penibles chemins.

Vn iour ayant pris le deuant, comme ie faisois ordinairement, pendant que mes Sauuages deschar-
geoient le Canot, pource qu'ils alloient (bien que
chargez) d'vn pas beaucoup plus viste que moy, et
m'approchant d'vn lac, ie sentis la terre bransler
sous moy, comme vne Isle flottante sur les eauës; et
de faict, ie m'en retiray bien doucement, et allay
attendre mes gens sur vn grand Rocher là auprés,
de peur que quelque inconuenient ne m'arri- || uast : 72
il nous falloit aussi par-fois passer par de fascheux
bourbiers, desquels à toute peine pouuions-nous retirer, et particulierement en vn certain marais ioignant
vn lac, où l'on pourroit facilement enfoncer iusques
par-dessus la teste, comme il arriua à vn François
qui s'enfonça tellement, que s'il n'eust eu les jambes
escarquillées au large, il eust esté en grand danger,
encore enfonça-il iusques aux reins. On a aussi quelques-fois bien de la peine à se faire passage auec la
teste et les mains parmy les bois touffus, où il s'y en
rencontre aussi grand nombre de pourris et tombez
les vns sur les autres, qu'il faut enjamber, puis des
rochers, pierres, et autres incommoditez qui aug-
mentent le trauail du chemin, outre le nombre infiny
de Mousquites qui nous faisoient incessamment vne
tres-cruelle et fascheuse guerre, et n'eust esté le soin
que ie portois à me conseruer les yeux, par le moyen
d'vne estamine que i'auois sur la face, ces mes-

chants animaux m'auroient rendu aueugle beaucoup de fois, comme on m'auoit aduerty, et ainsi en estoit-il arriué à d'autres, qui en perdirent la veuë par plu-
73 siurs iours, tant leur picqueure et morsure est || venimeuse à l'endroict de ceux qui n'ont encore pris l'air du pays. Neantmoins pour toute diligence que ie pus apporter à m'en deffendre, ie ne laissay pas d'en auoir, le visage, les mains et les iambes offencés. Aux Hurons, à cause que le pays est descouuert et habité, il n'y en a pas si grand nombre, sinon aux forests et lieux où les vents ne donnent point pendant les grandes chaleurs de l'Esté.

Nous passasmes par plusieurs Nations Sauuages; mais nous n'arrestions qu'vne nuict à chacune, pour tousiours aduancer chemin, excepté aux Epicerinys et Sorciers, où nous seiournasmes deux iours, tant pour nous reposer de la fatigue du chemin, que pour traicter quelque chose auec cette Nation. Ce fut là où ie trouuay le Pere Nicolas proche le lac, où il m'attendoit. Cette heureuse rencontre et entre-veuë nous resiouyt grandement, et nous nous consolasmes auec quelques François, pendant le peu de seiour que nos gens firent là. Nostre festin fut d'vn peu de poisson que nous auions, et des Citroüilles cuittes dans l'eau, que ie trouuay meilleures que viande que i'aye iamais mangée, tant i'estois abbatu et extenué de ne-
74 cessité, || et puis fallut partir chacun separement à l'ordinaire auec ses gens. Ce peuple Epicerinyen est ainsi surnommé Sorcier, pour le grand nombre qu'il y en a entr'eux, et des Magiciens, qui font profession de parler au Diable en des petites tours rondes et separées à l'escart, qu'ils font à dessein, pour y receuoir

les Oracles, et predire ou apprendre quelque chose de leur Maistre. Ils sont aussi coustumiers à donner des sorts et de certaines maladies, qui ne se guerissent que par autre sort et remede extraordinaire, dont il y en a, du corps desque's sortent des serpents et des longs boyaux, et quelquefois seulement à demy, puis rentrent, qui sont toutes choses diaboliques, et inventées par ces malheureux Sorciers : et hors ces sorts magiques, et la communication qu'ils ont auec les Demons, ie les trouuois fort humains et courtois.

Ce fut en ce village, où par mesgard, ie perdis, à
mon tres-grand regret, tous les memoires que i'avois
faits, des pays, chemins, rencontres et choses remarquables que nous auions veuës depuis Dieppe en
Normandie, iusques-là, et ne m'en apperceuz qu'à la
rencontre de deux Canots || de Sauuages, de la Nation 75
du Bois : cette Nation est fort esloignée et dependante
des Cheueux Releuez, qui ne couurent point du tout
leur honte et nudité, sinon pour cause de grand froid
et de longs voyages, qui les obligent à se seruir d'vne
couuerture de peau. Ils auoient à leur col de petites
fraises de plumes, et leurs cheueux accommodez de
mesme parure. Leur visage estoit peint de diuerses
couleurs en huile, fort ioliuement, les vns estoient d'vn
costé tout vert, et de l'autre rouge : autres sembloient
auoir tout le visage couuert de passements naturels,
et autres tout autrement. Ils ont aussi accoustumé de
se peindre et matachier, particulierement quand ils
doivent arriver, ou passer par quelqu'autre Nation,
comme auoient faict mes Sauvages arriuans aux *Squekaneronons* : c'est pour ce suiect qu'ils portent de ces

peintures et de l'huile auec eux en voyageans, et aussi à cause des festins, dances, ou autres assemblées, afin de sembler plus beaux, et attirer les yeux des regardans sur eux.

Vne iournée, apres auoir trouué ces Sauuages, nous nous arrestames quelque temps en vn village
76 *d'Algoumequins*, et || y entendant vn grand bruit, ie fus curieux de regarder par la fente d'vne Cabane, pour sçauoir que c'estoit, là où ie vis au dedans (ainsi que i'ay veu du depuis par plusieurs fois aux Hurons, pour semblables occasions) vne quantité d'hommes, my-partis en deux bandes, assis contre terre, et arrangez des deux costez de la Cabane, chaque bande auoit deuant soy vne longue perche plate, large de trois ou quatre doigts, et tous les hommes ayans chacun vn baston en main, en frappoient continuellement ces perches plates, à la cadence du son des Tortuëes, et de plusieurs chansons qu'ils chantaient de toute la force de leur voix. Le *Loki* ou Medecin, qui estoit au haut bout auec sa grande Tortuë en main, commençoit, et les autres à pleine teste poursuyuoient, et sembloit vn sabbat et vne vraye confusion et harmonie de Demons. Deux femmes cependant tenoient l'enfant tout nud, le ventre en haut proche d'eux, vis à vis du *Loki*, à quelque temps de là le *Loki* à quatre pattes, s'approchoit de l'enfant, auec des cris et hurlemens comme d'vn furieux Taureau, puis le souffloit enuiron les parties naturelles,
77 et apres recommençoient || leur tintamarre et leur ceremonie, qui finit par vn festin qui se disposait au bout de la Cabane : de sçauoir que deuint l'enfant, et s'il fut guery ou non, ou si on y adiousta encore

quelqu'autre ceremonie, ie n'en ay rien sceu depuis, pour ce qu'il nous fallut partir incontinent, apres auoir repeu, et vn peu reposé.

De cette Nation nous allasmes cabaner en vn village d'*Andatahouats*, que nous disons Cheueux ou Poil leué, qui s'estoient venus poser proche la mer douce, à dessein de traicter avec les Hurons et autres qui retournoient de la traicte de Kebec, et fusmes deux iours à traicter et negotier auec eux. Ces Sauuages, sont vne certaine Nation qui portent leurs cheueux releuez sur le front, plus droicts que les perruques des Dames, et les font tenir ainsi droicts par le moyen d'vn fer, ou d'vne hache chaude, ce qui n'est point autrement de mauuaise grace; ouy bien de ce que les hommes ne couurent point du tout leurs parties naturelles, qu'ils tiennent à descouuert, auec tout le reste du corps, sans honte ny vergongne; mais pour les femmes, elles ont vn petit cuir à peu près grand comme vne seruiette, ceint à l'entour || des reins, et 78
descend iusques sur le milieu des cuisses, à la façon des Huronnes. Il y a vn grand peuple en cette Nation, et la pluspart des hommes sont grands guerriers, chasseurs et pescheurs. Je vis là beaucoup de femmes et filles qui faisoient des nattes de ioncs, grandement bien tissuës, et embellies de diuerses couleurs, qu'elles traictaient par apres pour d'autres marchandises, des Sauuages de diuerses contrées, qui abordoient en leur village. Ils sont errans, sinon que quelques villages d'entr'eux sement des bleds d'Inde, et font la guerre à vne autre Nation, nommée *Assitagueronon*, qui veut dire gens de feu : car en langue Huronne *Assista*, signifie du feu,

et *Eronon*, signifie Nation. Ils sont esloignez d'eux d'enuiron deux cens lieuës et plus; ils vont par troupes en plusieurs regions et contrées, esloignées de plus de quatre cens lieues (à ce qu'ils m'ont dit) où ils trafiquent de leurs marchandises, et eschangent pour des pelleteries, peintures, pourceleines, et autres fatras.

Les femmes viuent fort bien auec leurs marys, et ont cette coustume auec toutes les autres femmes des
79 peuples errans, que lors qu'elles ont leurs mois, elles se retirent d'auec leurs marys, et la fille d'auec ses pere et mere, et autres parents, et s'en vont en de certaines Cabanes escartées et esloignées de leur village, où elles sejournent et demeurent tout le temps de ces incommoditez, sans auoir aucune compagnie d'hommes, lesquels leur portent des viures et ce qui leur est necessaire, iusqu'à leur retour, si elles-mesmes n'emportent suffisamment pour leur prouision, comme elles font ordinairement. Entre les Hurons, et autres peuples sedentaires, les femmes ny les filles ne sortent point de leur maison ou village, pour semblables incommoditez : mais elles font leur manger en de petits pots à part pendant ce temps-là, et ne permettent à personne de manger de leurs viandes et menestres : de sorte qu'elles semblent imiter les Iuisues, lesquelles s'estimoient immondes pendant le temps de leurs fleurs. Ie n'ay peu apprendre d'où leur estoit arriué cette coustume de se separer ainsi, quoy que ie l'estime pleine d'honnesteté.

|| *De nostre arrivée au pays des Hurons, quels estoient nos exer-* 80
cices, et de nostre manière de viure et gouuernement dans le pays.

CHAPITRE V.

PVIS, qu'auec la grace du bon Dieu, nous sommes arriuez iusques-là, que d'auoisiner le pays de nos Hurons, il est maintenant temps que ie commence à en traicter plus amplement, et de la façon de faire de ses habitans, non à la manière de certaines personnes, lesquelles descriuans leurs Histoires, ne disent ordinairement que les choses principales, et les enrichissent encore tellement, quand on en vient à l'experience, on n'y voit plus la face de l'Autheur : car i'escris non-seulement les choses principales, comme elles sont, mais aussi les moindres et plus petites, auec la mesme naïfueté et simplicité que i'ay accoustumé.

|| C'est pourquoy ie prie le Lecteur d'auoir pour 81
agreable ma maniere de proceder, et d'excuser si pour mieux faire comprendre l'humeur de nos Sauuages, i'ay esté contrainct inserer icy plusieurs choses inciuiles et extrauagantes, d'autant que l'on ne peut pas donner vne entiere cognoissance d'vn pays estranger, ny ce qui est de son gouuernement, qu'en faisant voir auec le bien, le mal et l'imperfection qui s'y retrouue : autrement il ne m'eust fallu descrire les mœurs des Sauuages, s'il ne s'y trouuoit rien de sauuage, mais des mœurs polies et ciuiles, comme les peuples qui sont cultiués par la religion et pieté, ou par des Magistrats et Sages, qui par leurs bonnes

lois eussent donné quelque forme aux mœurs si difformes de ces peuples barbares, dans lesquels on void bien peu reluire la lumiere de la raison, et la pureté d'vne nature espurée.

Deux iours auant nostre arriuée aux Hurons, nous
trouuasmes la mer douce, sur laquelle ayans trauersé
d'Isle en Isle, et pris terre au pays tant desiré, par
vn iour de Dimanche, feste sainct Bernard, enuiron
midy, que le Soleil donnoit à plomb, mes Sauuages
82 ayans serré leur Canot en || un bois là auprés me
chargerent de mes hardes et pacquets, qu'ils auaient
auparauant tousiours portez par le chemin : la cause
fut la grande distance qu'il y auait de là au Bourg,
et qu'ils estoient desia plus que suffisamment chargés de leurs marchandises. Ie portay donc mon pacquet auec vne tres-grande peine, tant pour sa pesanteur, et de l'excessiue chaleur qu'il faisoit, que pour une foiblesse et debilité grande que ie ressentois en tous mes membres depuis vn long temps, ioinct que pour m'auoir fait prendre le deuant, comme ils auoient accoustumé (à cause que ie ne pouuois les suyure qu'à toute peine) ie me perdis du droict chemin, et me trouuay long temps seul, sans sçauoir où i'allois. A la fin, apres auoir bien marché et trauersé pays, ie trouuay deux femmes Huronnes proche d'vn chemin croizé, et leur demanday par où il falloit aller au Bourg où ie me deuois rendre, ie n'en sçauois pas le nom, et moins lequel ie deuois prendre des deux chemins : ces pauures femmes se peinoient assez pour se faire entendre, mais il n'y auoit encore
moyen. Enfin, inspiré de Dieu, ie pris le bon che-
83 min, et au bout de quelque temps ie || trouuay mes

Sauuages assis à l'ombre sous vn arbre en vne belle grande prairie, où ils m'attendoient, bien en peine que i'estois deuenu ; ils me firent seoir auprés d'eux, et me donnerent des cannes de bled d'Inde à succer qu'ils auoient cueillies en vn champ tout proche de là. Ie pris garde comme ils en vsoient, et les trouuay d'vn assez bon suc : apres, passant par vn autre champ plein de Fezolles i'en cueillis vn plein plat, que ie fis par apres cuire dans nostre Cabane auec de l'eau, quoyque l'escorce en fust desia assez dure : cela nous seruit pour vn second festin apres nostre arriuée.

A mesme temps que ie fus apperceu de nostre ville de *Quieuindahian,* autrement nommée *Téqueunonkiayé*, lieu assez bien fortifié à leur mode, et qui pouuoit contenir deux ou trois cens mesnages, en trente ou quarante Cabanes qu'il y auoit, il s'esleua vn si grand bruit par toute la ville, que tous sortirent presque de leurs Cabanes pour me venir voir, et fus ainsi conduit auec grande acclamation iusque dans la Cabane de mon Sauuage, et pour ce que la presse y estoit fort grande, ie fus contrainct de gaigner le
|| haut de l'establie, et me desrober de leur presse. 84
Les pere et mere de mon Sauuage me firent vn fort bon accueil à leur mode, et par des caresses extraordinaires, me tesmoignoient l'ayse et le contentement qu'ils avoient de ma venuë, ils me traiterent aussi doucement que leur propre enfant, et me donnerent tout suiect de loüer Dieu, voyant l'humanité et fidelité de ces pauvres gens, priuez de sa cognoissance. Ils prirent soin que rien ne se perdist de mes petites hardes, et m'aduertirent de me donner garde des larrons et des trompeurs, particulierement des *Quieu-*

nontateronons, qui me venoient souuent voir, pour tirer quelque chose de moy : car entre les Nations Sauuages celle-cy est l'vne des plus subtiles de toutes, en faict de tromperie et de vol.

Mon Sauuage, qui me tenoit en qualité de frere, me donna aduis d'appeller sa mere *Sendoué*, c'est à dire, ma mere, puis luy et ses freres *Ataquen*, mon frere, et le reste de ses parents en suite, selon les degrez de consanguinité, et eux de mesme m'appeloient leur parent. La bonne femme disoit *Ayein*, mon fils, et les autres *Ataquon*, mon frere, *Earassé*, mon cousin,
85 *Hi* || *uoittan*, mon nepveu, *Houatinoron*, mon oncle, *Aystan*, mon pere : selon l'aage des personnes i'estois ainsi appellé oncle ou nepueu, etc., et des autres qui ne me tenoient en qualité de parent, *Yatoro*, mon compagnon, mon camarade, et de ceux qui m'estimoient dauantage, *Garihouanne*, grand Capitaine. Voylà comme ce peuple n'est pas tant dans la rudesse et la rusticité qu'on l'estime.

Le festin qui nous fut faict à nostre arriuée, fut de bled d'Inde pilé, qu'ils appellent *Ottet*, auec vn petit morceau de poisson boucané à chacun, cuit en l'eau, car c'est toute la saulce du pays, et mes Fezolles me seruirent pour le lendemain : dés lors ie trouuay bonne la Sagamité qui estoit faicte dans nostre Cabane, pour estre assez nettement accommodée, ie n'en pouuois seulement manger lorsqu'il y auoit du poisson puant deminсé parmy, ou d'autres petits, qu'ils appellent *Auhaitsique*, ni aussi de *Leindohy*, qui est vn bled qu'ils font pourrir dans les fanges et eauës croupies et marescageuses, trois ou quatre mois durant, duquel ils font neantmoins grand estat :

nous mangions par-fois de Citroüilles du pays, cui-
tes || dans l'eau, ou bien sous la cendre chaude, que 86
ie trouuois fort bonnes, comme semblablement des
espics de bled d'Inde que nous faisions rostir deuant
le feu, et d'autre esgrené, grillé comme pois dans les
cendres : pour des Meures champestres nostre Sauuagesse m'en apportoit souuent au matin pour mon
desieuner, ou bien des Cannes *d'Honneha* à succer, et
autre chose qu'elle pouuoit, et auoit ce soin de faire
dresser ma Sagamité la premiere, dans l'escuelle de
bois ou d'escorce la plus nette large comme vn plat-
bassin, et la cueillier auec laquelle ie mangeois,
grande comme vn petit plat ou sauciere. Pour mon
departement et quartier, ils me donnerent à moy
seul, autant de place qu'en pouuoit occuper un petit
mesnage, qu'ils firent sortir à mon occasion, dés le
lendemain de mon arriuée : en quoy ie remarquay
particulierement leur bonne affection, et comme ils
desiroient de me contenter, et m'assister et seruir
auec toute l'honnesteté et respect deus à vn grand
Capitaine et chef de guerre, tel qu'ils me tenoient.
Et pour ce qu'ils n'ont point accoustumé de se ser-
vir de cheuet, ie me seruois la nuict d'vn billot de
bois, ou d'v- || ne pierre, que ie mettois sous ma 87
teste, et au reste couché simplement sur la natte
comme eux, sans couuerture ny forme de couche, et
en lieu tellement dur, que le matin me leuant, ie
me trouuois tout rompu et brisé de la teste et du
corps.

Le matin, apres estre esueillé, et prié vn peu Dieu,
ie desieunois de ce peu que nostre Sauuagesse m'a-
uoit apporté, puis ayant pris mon Cadran solaire, ie

sortois de la ville en quelque lieu escarté, pour pouuoir dire mon seruice en paix, et faire mes prieres et meditations ordinaires : estant enuiron midy ou vne heure, ie retournois à nostre Cabane pour disner d'vn peu de Sagamité, ou de quelque Citroüille cuite ; apres disner ie lisois dans quel que petit liure que i'auois apporté, ou bien i'escriuois, et obseruant soigneusement les mots de la langue, que i'apprenois, i'en dressois des memoires que i'estudiois, et repetois deuant mes Sauuages, lesquels y prenoient plaisir, et m'aydoient à m'y perfectionner auec vne assez bonne methode, m'y disant souuent, *Auiel*, au lieu de Gabriel, qu'ils ne pouuoient prononcer, à cause de la lettre B, qui ne se trouue point en toute
38 leur langue, non || plus que les autres lettres labiales, *Asséhoua*, *Agnonra*, et *Séatonqua :* Gabriel, prends ta plume et escris, puis ils m'expliquoient au mieux qu'ils pouuoient ce que ie desirois sçauoir d'eux.

Et comme ils ne pouuoient par-fois me faire entendre leurs conceptions, ils me les demonstroient par figures, similitudes et demonstrations exterieures, par-fois par discours, et quelquesfois auec vn baston, traçant la chose sur la terre, au mieux qu'ils pouuoient, ou par le mouuement du corps, n'estans pas honteux d'en faire de bien indecents, pour se pouuoir mieux donner à entendre par ces comparaisons, plustost que par longs discours et raisons qu'ils eussent pû alleguer, pour estre leur langue assez pauure et disetteuze de mots en plusieurs choses, et particulierement en ce qui est des mysteres de nostre saincte Religion, lesquels nous ne leur pouuions expliquer, ny mesme le *Pater noster*, sinon que par peri-

phrase, c'est à dire que pour vn de nos mots, il en
falloit vser de plusieurs des leurs : car entr'eux ils
ne sçauent que c'est de Sanctification, de Regne celeste, du tres-sainct Sacrement, ny d'induire en ten-
tation. Les || mots de Gloire, Trinité, Sainct Esprit, 89
Anges, Resurrection, Paradis, Enfer, Eglise, Foy,
Esperance et Charité, et autres infinis, ne sont pas
en vsage chez eux. De sorte qu'il n'y a pas besoin de
gens bien sçauants pour le commencement; mais
bien de personnes craignans Dieu, patiens, et pleins
de charité : et voilà en quoy il faut principalement
exceller pour conuertir ce pauure peuple, et le tirer
hors du peché et de son aueuglement.

Ie sortois aussi fort souuent par le Bourg, et les visitois en leurs Cabanes et mesnages, ce qu'ils trouuoient tres-bon, et m'en aymoient dauantage,
voyans que ie traictois doucement et affablement
auec eux, autrement ils ne m'eussent point veu de
bon œil, et m'eussent creu superbe et desdaigneux,
ce qui n'eust pas esté le moyen de rien gaigner sur-
eux; mais plustost d'acquerir la disgrace d'vn chacun, et se faire hayr de tous : car à mesme temps
qu'vn Estranger a donné à l'vn d'eux quelque petit
suiect ou ombrage de mescontentement ou fascherie,
il est aussi-tost sceu par toute la ville de l'vn à l'autre : et comme le mal est plustost creu que le bien,
ils vous estiment tel pour vn temps, que le || mescon- 90
tent vous a depeint.

Nostre bourg estoit de ce costé-là le plus proche
voisin des Yroquois, leurs ennemys mortels, c'est
pourquoy on m'aduertissoit souuent de me tenir sur
mes gardes, de peur de quelque surprise pendant

que i'allois au bois pour prier Dieu, ou aux champs cueillir des Meures champestres : mais ie n'y rencontray iamais aucun danger ny hazard (Dieu mercy) il y eut seulement vn Huron qui banda son arc contre moy, pensant que ie fusse ennemy : mais ayant parlé il se rasseura, et me salua à la mode du pays, *Quoye*, puis il passa outre son chemin, et moi le mien.

Ie visitois aussi par-fois leur Cimetiere, qu'ils appellent *Agosayé*, admirant le soin que ces pauures gens ont des corps morts de leurs parens et amis deffuncts, et trouuois qu'en cela ils surpassoient la pieté des Chrestiens, puis qu'ils n'espargnent rien pour le soulagement de leurs ames, qu'ils croyent immortelles, et auoir besoin du secours des viuans. Que si par-fois i'auois quelque petit ennuy, ie me recreois et consolois en Dieu par la priere, ou en
91 chantant des Hymnes et Cantiques spirituels à la louange de sa diuine Majesté, lesquels les Sauuages escoutoient auec attention et contentement, et me prioyent de chanter souuent, principalement apres que ie leur eus dict, que ces chants et Cantiques spirituels estoient des prières que ie faisois et adressois à Dieu nostre Seigneur, pour leur salut et conuersion.

Pendant la nuict i'entendois aussi par-fois la mere de mon Sauuage pleurer, et s'affliger grandement, à cause des illusions du Diable. I'interrogeay mon Sauuage pour en sçauoir le suiect, il me fit response que c'estoit le Diable qui la trauailloit et affligeoit, par des songes et representations fascheuses de la mort de ses parens, et autres imaginations. Cela est particulierement commun aux femmes plustost qu'aux hommes, à qui cela arriue plus rarement, bien qu'il s'y en trouue par-fois quelques-vns qui en deuiennent fols et furieux, selon leur forte imagination, et la foiblesse de leur esprit, qui leur fait adiouster foy à ces resueries diaboliques.

Il se passa vn assez long temps apres mon arriuée,
auant que i'eusse aucune co- || gnoissance ny nou- 92
uelle du lieu où estoient arriuez mes Confreres, iusques à vn certain iour que le Pere Nicolas, accompagné d'vn Sauuage, me vint trouuer de son village, qui n'estoit qu'à cinq lieuës du nostre. Ie fus fort resiouy de le voir en bonne santé et disposition, nonobstant les penibles trauaux et disettes qu'il auait souffertes depuis nostre departement de la traicte; mes Sauuages le receurent aussi volontiers à coucher en nostre Cabane, et luy firent festin de ce qu'ils purent, à cause qu'il estoit mon Frere, et à nos autres François, pour estre nos bons amys. Apres donc nous estre congratulez de nostre heureuse arriuée, et vn peu discouru de ce qui nous estoit arriué pendant vn si long et penible chemin, nous aduisasmes d'aller trouuer le Pere Ioseph, qui estoit demeurant en vn autre village, à quatre ou cinq lieuës de nous; car ainsi Dieu nous avoit-il faict la grace, que sans l'auoir premedité, nous nous mismes à la conduite de personnes qui demeurassent si proches les vnes des autres : mais pource que i'estois fort aymé de *Oonchiarey* mon Sauuage, et de la pluspart de ses
parens, ie ne sçauois comment l'aduertir || de nostre 93
dessein, sans le mescontenter grandement. Nous trouuasmes enfin moyen de luy persuader que i'auois quelque affaire à communiquer à nostre Frere Io-

seph, et qu'allant vers luy il falloit necessairement que i'y portasse tout ce que i'auois, qui estoit autant à luy comme à moy, afin de prendre chacun ce qui luy appartenoit, ce qu'ayant dict, ie pris congé d'eux, leur donnant esperance de reuenir en bref, ainsi ie partis auec le bon Pere Nicolas, et fusmes trouuer le Pere Ioseph, qui demeuroit à *Quieunonascaran*, où ie ne vous sçaurois expliquer la ioye et le contentement que nous eusmes de nous reuoir tous trois ensemble, qui ne fut pas sans en rendre graces à Dieu, le priant de benir nostre entreprise pour sa gloire, et conuersion de ces pauures Infideles : en suite nous fismes bastir vne Cabane pour nous loger, où à grand' peine eusmes-nous le loisir de nous entre-caresser, que ie vis mes Sauuages (ennuyez de mon absence) nous venir visiter, ce qu'ils reitererent plusieurs fois, et nous nous estudions à les receuoir et traicter si humainement et civilement, que nous les gaignasmes, en sorte, qu'ils sembloient de-
94 || battre de courtoisie à receuoir les François en leur Cabane, lorsque la necessité de leurs affaires les iettoit à la mercy de ces Sauuages, que nous experimentasmes auoir esté vtiles à ceux qui doiuent traicter auec eux, esperant par ce moyen de nous insinuer au principal dessein de leur conuersion, seul motif d'vn si long et fascheux voyage.

Or nous voyans parmy eux nous nous resolusmes d'y bastir un logement, pour prendre possession, au nom de Iesus Christ, de ce pays, afin d'y faire les fonctions, et exercer les ministeres de nostre Mission : ce qui fut cause que nous priasmes le Chef, qu'ils nomment *Garihoüa Andionxra*, c'est à dire, Capi-

taine et Chef de la police, de nous le permettre, ce
qu'il fit, apres auoir assemblé le Conseil des plus no-
tables, et ouy leur aduis : et apres qu'ils se furent
efforcez de nous dissuader ce dessein, nous persua-
dans de prendre plustost logement en leurs Cabanes
pour y estre mieux traitez. Nous obtinsmes ce que
nous desirions, leur ayans faict entendre qu'il estoit
ainsi necessaire pour leur bien; car estans venus de
si loing pays pour leur faire entendre ce qui concer-
noit le salut de leurs || ames, et le bien de la felicité 95
eternelle, auec la cognoissance d'vn vray Dieu, par
la predication de l'Euangile, il n'estoit pas possible
d'estre assez illuminez du Ciel, pour les instruire
parmy le tracas de la mesnagerie de leurs Cabanes,
ioint que desirans leur conserver l'amitié des François qui traictoient auec eux, nous aurions plus de
credit à les conseruer ainsi à part, que non pas quand
nous serions cabanez parmy eux. De sorte que s'estans laissez persuader par ces discours et autres semblables, ils nous dirent que nous fissions cesser les
pluyes (qui pour lors estoient fort grandes et importunes) en priant ce grand Dieu, que nous appelions
Pere, et nous disions ses seruiteurs, afin qu'il les
fist cesser, pour pouuoir nous accommoder la Cabane
que nous desirions : si bien que Dieu fauorisant nos
prieres (apres auoir passé la nuict suyvante à le solli-
citer de ses promesses) il nous exauça, et les fit cesser
si parfaictement, que nous eusmes vn temps fort se-
rain ; dequoy ils furent si estonnez et rauis, qu'ils le
publierent pour miracle, dont nous rendismes graces
à Dieu. Et ce qui les confirma dauantage, ce fut
qu'apres auoir || employé quelques iours à ce pieux 96

trauail, et apres l'auoir mis à sa perfection, les pluyes recommencerent : de sorte qu'ils publierent par tout la grandeur de nostre Dieu.

Ie ne puis obmettre vn gentil debat qui arriua entr'eux, à raison de nostre bastiment, d'vn ieune garçon lequel n'y trauaillant pas de bonne volonté, se plaignoit aux autres de la peine et du soin qu'ils se donnoient, de bastir vne Cabane à des gens qui ne leur estoient point parens, et eust volontiers desiré qu'on eust delaissé la chose imparfaite, et nous en peine de loger auec eux dans leurs Cabanes, ou d'estre exposez à l'iniure de l'air, et incommodité du temps : mais les autres Sauuages portez de meilleure volonté, ne luy voulurent point acquiescer, et le reprirent de sa paresse, et du peu d'amitié qu'il tesmoignoit à des personnes si recommandables, qu'ils deuoient cherir comme parents et amys, bien qu'estrangers, puis qu'ils n'estoient venus que pour leur propre bien et profit.

Ces bons Sauuages ont cette loüable coustume entr'eux, que quand quelques-vns de leurs Conci-
97 toyens n'ont point de || Cabane à se loger, tous vna-
nimement prestent la main, et luy en font vne, et
ne l'abandonnent point que la chose ne soit mise en
la perfection, ou du moins que celuy ou ceux pour
qui elle est destinée, ne la puissent aysement para-
cheuer : et pour obliger vn chacun à vn si pieux et
charitable office, quand il est question d'y trauailler,
la chose se decide tousiours en plein conseil, puis le
cry s'en faict tous les iours par le Bourg, afin qu'vn
chacun s'y trouue à l'heure ordonnée, ce qui est vn
tres-bel ordre, et fort admirable pour des personnes

sauuages que nous croyons, et sont en effect, moins policées que nous. Mais pour nous, qui leur estions estrangers, et arriuez de nouueau, c'estoit beaucoup, de se monstrer si humains que de nous en bastir auec vne si commune et vniuerselle affection, veu qu'ils ne donnent ordinairement rien pour rien aux estrangers, si ce n'est à des personnes qui le meritent, ou qui les ayent bien obligez, quoy qu'ils demandent tousiours, particulierement aux François, qu'ils appellent *Agnonha*, c'est à dire gens de fer, en leur langue, et les Canadiens et Montagnais nous
sur-nomment *Mistigoche*, qui || signifie en leur lan- 98
gue Canot ou Basteau de bois : ils nous appellent ainsi, à cause que nos Nauires et Basteaux sont faicts de bois, et non d'escorces comme les leurs : mais pour le nom que nous donnent les Hurons, il vient de ce qu'auparauant nous, il ne sçauoient que c'estoit de fer, et n'en auoient aucun vsage, non plus que de tout autre metal ou mineral.

Pour reuenir au paracheuement de nostre Cabane, ils la dresserent enuiron à deux portées de flesche loin du Bourg, en vn lieu que nous-mesmes auions choisi pour le plus commode, sur le costeau d'vn fond, où passoit vn beau et agreable ruisseau, de l'eau duquel nous nous seruions à boire, et à faire nostre Sagamité, excepté pendant les grandes neiges de l'hyuer, que pour cause du fascheux chemin, nous prenions de la neige proche de nous pour faire nostre manger, et ne nous en trouuasmes point mal, Dieu mercy. Il est vray qu'on passe d'ordinaire les sepmaines et les mois entiers sans boire : car ne mangeant iamais rien de salé ny espicé, et son manger quotidien n'estant

que de ce bled d'Inde boüilly en eau, cela sert de
99 boisson et de mangeaille, et nous || nous trouuions
fort-bien de ne point manger de sel, aussi estions-
nous pres de trois cens lieuës loin de toute eau salée,
de laquelle eussions pu esperer du sel. Et à mon retour en Canada, ie me trouuois mal au commencement d'en manger, pour l'avoir discontinué trop
long temps; ce qui me faict croire que le sel n'est pas
necessaire à la conseruation de la vie, ny à la santé
de l'homme.

Nostre pauure Cabane pouuoit aouoir enuiron
vingt pieds de longueur, et dix ou douze de large,
faicte en forme d'vn berceau de jardin, couuerte d'escorce par tout, excepté au faiste, où on auoit laissé
vne fente et ouuerture exprez pour sortir la fumée:
estant ainsi acheuée de nous-mesmes au mieux qu'il
nous fut possible, et auec quelques haches que nous
auions apportées, nous fismes vne cloison de pieces
de bois, separant nostre Cabane en deux : du costé
de la porte estoit le lieu où nous faisions nostre mesnage, et prenions nostre repos, et la chambre inte-
rieure nous seruoit de Chapelle, car nous y auions
dressé vn Autel pour dire la saincte Messe, et y ser-
rions encore nos ornemens et autres petites commo-
100 ditez, et || de peur de la main larronnesse des Sauua-
ges nous tenions la petite porte d'escorce, qui estoit à
la cloison, fermée et attachée auec vne cordelette. A
l'entour de nostre petit logis nous accommodasmes vn
petit jardin, fermé d'vne petite palissade, pour en
oster le libre accez aux petits enfants Sauuages, qui
ne cherchent qu'à mal faire pour la plus-part : les
pois, herbes, et autres petites choses que nous auions

semées en ce petit jardin, y profiterent assez bien, encore que la terre en fust fort maigre, comme l'vn des pires et moindres endroicts du pays.

Mais, pour auoir faict nostre Cabane hors de saison, elle fut couuerte de tres-mauuaise escorce, qui se decreua et fendit toute, de sorte qu'elle nous garantissoit peu ou point des pluyes qui nous tomboient par tout, et ne nous en pouuions deffendre ny le iour ny la nuict, non plus que des neiges pendant l'hyuer, de laquelle nous nous trouuions par-fois couuerts le matin en nous leuant. Si la pluye estoit aspre, elle esteignoit nostre feu, nous priuoit du disner, et nous causoit tant d'autres incommoditez, que ie puis dire
auec verité, que iusqu'à ce que nous || y eussions vn 101
peu remedié, qu'il n'y auoit pas vn seul petit coin en nostre Cabane, où il ne pleust comme dehors, ce qui nous contraignait d'y passer les nuicts entieres sans dormir, cherchans à nous tenir et ranger debout ou assis en quelque petit coin pendant ces orages.

La terre nuë ou nos genoüils, nous seruoient de table à prendre nostre repas, ainsi comme les Sauuages, et n'auions non plus de nappes ny seruiettes à essuyer nos doigts, ny de cousteau à couper nostre pain ou nos viandes : car le pain nous estoit interdict, et la viande nous estoit si rare, que nous auons passé des 6 sepmaines, et deux ou trois mois entiers sans en manger, encore n'estoi-ce quelque petit morceau de Chien, d'Ours ou de Renard, qu'on nous donnoit en festin, excepté vers Pasques et en l'Automne, que quelques François nous firent part de leur chasse et gibier. La chandelle de quoy nous nous seruions la nuict, n'estoit que de petits cornets d'escorce de Bouleau, qui estoient de peu de durée, et la clairté du feu nous seruoit pour lire, escrire, et faire autres petites choses pendant de longues nuicts de l'hyuer, ce qui n'estoit vne petite incommodité.

102 || Nostre vie et nourriture ordinaire estoit des mesmes mets et viandes que celles que les Sauuages vsent ordinairement, sinon que celles de nos Sagamités estoient vn peu plus nettement accommodées, et que nous y meslions encore par-fois de petites herbes, comme de la Marjolaine sauuage, et autres, pour luy donner goust et saveur, au lieu de sel et d'espice; mais les Sauuages s'apperceuants qu'il y en auoit, ils n'en vouloient nullement gouster, disant que cela sentoit mauuais, et par ainsi ils nous la laissoient manger en paix, sans nous en demander, comme ils auoient accoustumé de faire lors qu'il n'y en auoit point, et nous leur en donnions volontiers, aussi ne nous en refusoient-ils point en leurs Cabanes quand nous leur en demandions, et eux-mesmes nous en offroient souuent.

Au temps que les bois estoient en seue, nous faisions par-fois vne fente dans l'escorce de quelque gros Fouteau, et tenans au-dessous une escuelle, nous en receuions le ius et la liqueur qui en distilloit, laquelle nous seruoit pour nous fortifier le cœur lorsque nous nous en sentions incommodez : mais c'est neantmoins
103 vn reme- || de bien simple et de peu d'effect, et qui affadist plustost qu'il ne fortifie, et si nous nous en seruions, c'estoit faute d'autre chose plus propre et meilleure.

Auant que de partir pour aller à la mer douce, le vin des Messes, que nous auions porté en un petit ba-

ril de deux pots, estant failly, nous en fismes d'autre auec des raisins du pays, qui estoit tres-bon, et boüillit en nostre petit baril, et en deux autres bouteilles que nous auions, de mesme qu'il eust pû faire en des plus grands vaisseaux, et si nous en eussions encore eu d'autres, il y auoit moyen d'en faire une assez bonne prouision, pour la grande quantité de vignes et de rasins qui sont en ce pays-là. Les Sauvages en mangent bien le raisin, mais ils ne les cultiuent ny n'en font aucun vin, pour n'en auoir l'inuention, ny les instruments propres : Nostre mortier de bois, et vne seruiette de nostre Chapelle nous seruirent de pressoir, et vn Anderoqua, ou sceau d'escorce, nous seruit de cuue : mais nos petits vaisseaux n'estans capables de contenir tout nostre vin nouueau, nous fusmes contraincts, pour ne point perdre le reste, d'en
faire du raisiné, qui fut aussi || bon que celui que l'on 104
faict en France, lequel nous seruit aux iours de recreation et bonne feste de l'année, à en prendre vn petit sur la poincte d'vn cousteau.

Pendant les neiges nous estions contraincts de nous attacher des raquettes sous les pieds, aussi bien que les Sauuages, pour aller querir du bois pour nous chauffer, qui est une tres-bonne inuention : car auec icelles on n'enfonce point dans les neiges, et si on faict bien du chemin en peu de temps. Ces raquettes, que nos Sauuages Hurons appellent *Agnonra*, sont deux ou trois fois grandes comme les nostres. Les Montagnais, Canadiens et Algoumequins, hommes, femmes, filles et enfans auec icelles suiuent la piste des animaux, et la beste estant trouuée, et abattue à coups de flesches et espées emmanchées au bout d'vne demye picque, qu'ils savent dextrement darder : ils se cabanent, et là se consolent, et iouïssent du fruict de leur trauail, et sans ces raquettes ils ne pourroient courir l'Eslan ny le Cerf, et par consequent il faudroit qu'ils mourussent de faim en temps d'hyuer.

Pendant le iour nous estions continuellement visi-
105 tez d'vn bon nombre de Sau || uages, et à diuerses in-
tentions ; car les vns y venoient pour l'amitié qu'ils nous portoient, et pour s'instruire et entretenir de discours auec nous : d'autres pour voir s'ils nous pourroient rien desrober, ce qui arriuoit assez souuent, iusqu'à prendre de nos cousteaux, cueilliers, escuelles d'escorce ou de bois, et autres choses qui nous faisoient besoin : et d'autres plus charitables nous apportoient de petis presens, comme du bled d'Inde, des Citroüilles, des Fezolles, et quelquesfois des petits Poissons boucanez, et en recompense nous leur donnions aussi d'autres petits presens, comme quelques aleines, fer à flesches, ou vn peu de rassade à pendre à leur col, ou à leurs oreilles ; et comme ils sont pauures en meubles, empruntants quelqu'vn de nos chaudrons, ils nous le rendoient tousiours auec quelque reste de Sagamité dedans, et quand il arrivoit de faire festin pour un deffunct, plusieurs de ceux qui nous aymoient nous en enuoyoient, comme ils faisoient au reste de leurs parens et amys, selon leur coustume. Ils nous venoient
aussi souuent prier de festin ; mais nous n'y allions
106 que le plus rarement qu'il nous estoit possible, || pour
ne nous obliger à leur en rendre, et pour plusieurs autres bonnes raisons.

Quand quelque particulier Sauuage de nos amys venoit nous visiter, entrant chez-nous, la salutation estoit ho, ho, ho, qui est vne salutation de ioye, et la seule voix ho, ho, ne se peut faire que ce ne soit quasi en riant, tesmoignans par là la ioye et le contentement qu'ils auoient de nous voir; car leur autre salutation *Quoye*, qui est comme si on disoit : Qu'est-ce, que dites-vous? se peut prendre en divers sens, aussi est-elle commune enuers les amys, comme enuers les ennemys, qui respondent en la mesme maniere *Quoye*, ou bien plus gracieusement *Yatoro*, qui est à dire, mon amy, mon compagnon, mon camarade, ou disent *Attaquen*, mon frere, et aux filles *Eadsé*, ma bonne amie, ma compagne, et quelquesfois aux vieillards *Yaistan*, mon pere, *Honratinoron*, oncle, mon oncle, etc.

Ils nous demandoient aussi à petuner, et plus souuent pour espargner le petun qu'ils auoient dans leur sac; car ils n'en sont iamais desgarnis : mais comme la foule y estoit souuent si grande, qu'à peine auions-
nous place en nostre Cabane, nous || ne pouuions pas 107
leur en fournir à tous, et nous en excusions, en ce qu'eux-mesmes nous traictoient ce peu que nous en auions et cette raison les rendoit contens.

Vne grande invention du Diable, qui fait du singe par tout est que comme entre nous on saluë de quelque devote priere celui ou celle qui esternuë, eux au contraire, poussez de Satan, et d'vn esprit de vengeance, entendans esternuer quelqu'vn, leur salut ordinaire n'est que des imprecations, des iniures et la mort mesme qu'ils souhaitent et desirent aux Yroquois, et à tous leurs ennemys, dequoy nous les reprenions, mais il n'estoit pas encore entré en leur esprit que ce fust mal faict, d'autant que la vengeance leur est tellement coustumiere et ordinaire, qu'ils la

tiennent comme vertu à l'endroict de l'ennemy estranger, et non toutefois enuers ceux de la propre
Nation, desquels ils sçauent assez bien dissimuler,
et supporter vn tort ou iniure quand il faut. Et à ce
propos de la vengeance ie diray que comme le General de la flotte assisté des autres Capitaines de nauires, eussent par certaine ceremonie, ieté vne espée dans
108 la rivière Sainct Laurens au temps de la || traicte, en
la presence de tous les Sauuages, pour asseurance
aux meurtriers Canadiens qui auoient tué deux François, que leur faute leur estoit entierement pardonnée,
et enseuelie dans l'oubly, en la mesme sorte que cette
espée estoit perduë et enseuelie au fonds des eauës.
Nos Hurons, qui sauent bien dissimuler, et qui tiennent bonne mine en cette action, estans de retour
dans leur pays tournerent toute cette ceremonie en
risée, et s'en mocquerent, disans que toute la colere
des François auoit esté noyée en cette espée, et que
pour tuer un François on en seroit dores nauant
quitte pour vne douzaine de castors.

Pendant l'hyuer, que les Epicerinys se vindrent cabaner au pays de nos Hurons, à trois lieuës de nous,
ils venoient souuent nous visiter en nostre Cabane
pour nous voir, et pour s'entretenir de discours auec
nous : car comme i'ay dict ailleurs, ils sont assez bonnes gens, et sçauent les deux langues, la Huronne et
la leur, ce que n'ont pas les Hurons, lesquels ne sçauent ny n'apprennent autre langue que la leur, soit
par negligence, ou pour ce qu'ils ont moins affaire de
109 leurs voysins, que leurs || voysins n'ont affaire d'eux.
Ils nous parlerent par plusieurs fois d'vne certaine
Nation à laquelle ils vont tous les ans vne fois à la

traite, n'en estans esloignez qu'enuiron vne Lune et demye, qui est vn mois ou six sepmaines de chemin tant par terre que par eau et riuiere. A laquelle vient aussi trafiquer vn certain peuple qui y aborde par mer, auec des grands basteaux ou nauires de bois, chargez de diuerses marchandises, comme haches, faictes en queuë de perdrix, des bas de chausses, auec les souliers attachez ensemble, souples neantmoins comme vn gand, et plusieurs autres choses qu'ils eschangent pour des pelleteries. Ils nous dirent aussi que ces personnes-là ne portoient point de poil, ny à la barbe ny à la teste, (et pour ce par nous sur-nommez Testes pelées) et nous asseurerent que ce peuple leur auoit dict qu'il seroit fort ayse de nous voir, pour la façon de laquelle on nous avoit dépeinct en son endroict, ce qui nous fit coniecturer que ce pouuoit estre quelque peuple et nation policée et habituée vers la mer de la Chine, qui borne ce pays vers l'Occident, comme il est aussi borné de la mer Océane, enuiron les 40. degrez vers l'Orient, || et esperions 110
y faire vn voyage à la premiere commodité auec ces Epicerinys, comme ils nous en donnoient quelque esperance, moyennant quelque petit present, si l'obedience ne m'eust rappellé trop tost en France : car bien que ces Epicerinys ne veulent pas mener de François seculiers en leur voyage, non plus que les Montagnais et Hurons n'en veulent point mener au Saguenay, de peur de descouurir leur bonne et meilleure traicte, et le pays où ils vont amasser quantité de pelleteries : ils ne sont pas si resserrez en nostre endroict, sçachans desia par experience, que nous ne nous meslons d'aucun autre trafic que de celui des

âmes, que nous nous efforçons de gaigner à Iesus-Christ.

Quand nous allions voir et visiter nos Sauuages
en leurs Cabanes, ils en estoient pour la pluspart
bien ayses, et le tenoient à honneur et faueur, se
plaignans de ne nous y voir pas assez souuent, et
nous faisoient par-fois comme font ordinairement
les Merciers et Marchands du Palais de Paris, nous
appelans chacun à son foyer, et peut-estre sous esperance de quelque aleine, ou d'vn petit bout de
11 ras- || sade, de laquelle ils sont fort curieux à se parer.
Ils nous faisoient aussi bonne place sur la natte auprés d'eux au plus bel endroict, puis nous offroient
à manger de leur Sagamité, y en ayant souuent
quelque reste dans leur pot : mais pour mon particulier i'en prenois fort rarement, tant à cause qu'il
sentoit pour l'ordinaire trop le poisson puant, que
pour ce que les chiens y mettoient souuent leur nez,
et les enfants leur reste. Nous auions aussi fort à
dégoust et à contre-cœur de voir les Sauuagesses
manger les pouls d'elles et de leurs enfants ; car elles
les mangent comme si c'estoit chose fort excellente
et de bon goust. Puis comme par-deçà que l'on boit
l'vn à l'autre, en presentant le verre à celuy à qui on
a beu, ainsi les Sauuages qui n'ont que de l'eau à
boire, pour toute boisson, voulans festoyer quelqu'vn, et luy monstrer signe d'amitié, apres auoir
petuné luy presentent le petunoir tout allumé, et
nous tenans en cette qualité d'amis et de parens, ils
nous en offroient et presentoient de fort bonne grace :
Mais, comme ie ne me suis iamais voulu habituer
au petun, ie les en remerciois, et n'en prenois nul-

lement, dequoy ils estoient au com- || mencement 11
tous estonnez, pour n'y auoir personne en tous ces pays-là, qui n'en prenne et vse, pour à faute de vin et d'espices eschauffer cet estomach, et aucunement corrompre tant de cruditez prouenantes de leur mauuaise nourriture.

Lorsque, pour quelque necessité ou affaire, il nous falloit aller d'vn village à vn autre, nous allions librement loger et manger en leurs Cabanes, ausquelles ils nous recevoient et traictoient fort humainement, bien qu'ils ne nous eussent aucune obligation : car ils ont cela de propre d'assister les passans, et receuoir courtoisement entr'eux toute personne qui ne leur est point ennemie : et à plus forte raison, ceux de leur propre Nation, qui se rendent l'hospitalité reciproque, et assistent tellement l'vn l'autre, qu'ils pouruoyent à la necessité d'vn chacun, sans qu'il y ait aucun pauure mendiant parmy leurs villes et villages, et trouuoient fort mauuais entendans dire qu'il y auait en France grand nombre de ces necessiteux et mendians, et pensoient que cela fust faute de charité qui fust en nous, et nous en blasmoient grandement.

113 || *Du pays des Hurons, et de leurs villes, villages et cabanes.*

Chapitre VI.

Mais, pour parler en general du pays des Hurons, de sa situation, des mœurs de ses habitants, et de leurs principales ceremonies et façons de faire, disons premierement, qu'il est situé sous la hauteur de quarante-quatre degrez et demy de latitude, et deux cens trente lieues de longitude à l'Occident, et dix de latitude; pays fort deserté, beau et agreable, et trauersé de ruisseaux qui se desgorgent dedans le grand lac. On n'y voit point vne face hydeuse de grands rochers et montagnes steriles, comme on voit en beaucoup d'autres endroicts és contrées Canadiennes et Algoumequines.

Le pays est plein de belles collines, campagnes, et
de tres-belles et grandes prairies, qui portent quan-
114 tité de bon foin, || qui ne sert qu'à y mettre le feu
par plaisir, quand il est sec : et en plusieurs endroicts il y a quantité de froment sauuage, qui a l'espic comme seigle, et le grain comme de l'auoine : i'y fust trompé, pensant au commencement que i'en vis, que ce fussent champs qui eussent esté ensemencez de bon grain : ie fus de mesme trompé aux pois sauuages, où il y en a en diuers endroicts aussi espais, comme s'ils y auoient esté semez et cultiuez : et pour monstrer la bonté de la terre, vn Sauuage de Toënchen ayant planté vn peu de pois qu'il auoit appor-

tez de la traicte, rendirent leurs fruicts deux fois plus gros qu'à l'ordinaire, dequoy ie m'estonnay, n'en ayant point veu de si gros, ny en France, ny en Canada.

Il y a de belles forests, peuplées de gros Chesnes, Fouteaux, Herables, Cedres, Sapins, Ifs et autres sortes de bois beaucoup plus beaux, sans comparaison, qu'aux autres prouinces de Canada que nous ayons veues : aussi le pays est-il plus chaud et plus beau, et plus grasses et meilleures sont les terres, que plus on aduance tirant au Sud : car du costé du Nord les terres y sont plus pierreuses et sablonneuses,
ainsi || que ie vis allant sur la mer douce, pour la 115
pesche du grand poisson.

Il y a plusieurs contrées ou prouinces au pays de nos Hurons qui portent diuers noms, aussi bien que les diuerses prouinces de France : car celle où commandoit le grand Capitaine *Atironta*, s'appelle *Enarhonon*, celle *d'Entauaque* s'appelle *Atigagnongueha*, et la Nation des Ours, qui est celle où nous demeurions, sous le grand Capitaine *Auoindaon*, s'appelle *Atingyahointan*, et en cette estendue de pays, il y a enuiron vingt-cinq tant villes que villages, dont une partie ne sont point clos ny fermez, et les autres sont fortifiez de fortes palissades de bois à triple rang, entrelassez les vns dans les autres, et redoublez par dedans de grandes et grosses escorces, à la hauteur de huict à neuf pieds, et par dessous il y a de grands arbres posez de leur long, sur des fortes et courtes fourchettes des troncs des arbres : puis au dessus de ces palissades il y a des galeries ou guerites, qu'ils appellent *Ondaqua*, qu'ils garnissent de pierres en

temps de guerre, pour ruer sur l'ennemy, et d'eau pour esteindre le feu qu'on pourroit appliquer contre
116 leurs palissades; nos Hurons || y montent par vne eschelle assez mal façonnée et difficile, et deffendent leurs rempars auec beaucoup de courage et d'industrie.

Ces vingt-cinq villes et villages peuuent estre peuplez de deux ou trois mille hommes de guerre, au plus, sans y comprendre le commun, qui peut faire en nombre enuiron trente ou quarante mille âmes en tout. La principale ville auoit autre fois deux cens grandes Cabanes, pleines chacune de quantité de mesnages; mais, depuis peu, à raison que les bois leur manquoient, et que les terres commençoient à s'amaigrir, elle est diminuée de grandeur, séparée en deux, et bastie en vn autre lieu plus commode.

Leurs villes frontieres et plus proches des ennemis, sont tousiours les mieux fortifiées, tant en leurs enceintes et murailles, hautes de deux lances ou enuiron, et les portes et entrées qui ferment à barres, par lesquelles on est contrainct de passer de costé, et non de plein saut, qu'en l'assiette des lieux qu'ils sçauent assez bien choisir, et aduiser que ce soit ioignant quelque bon ruisseau, en lieu vn peu esleué,
117 et enuironné d'vn fossé naturel, s'il se || peut, et que l'enceinte et les murailles soient basties en rond, et la ville bien ramassée, laissans neantmoins vne grande espace vuide entre les Cabanes et les murailles, pour pouuoir mieux combattre et se deffendre contre les ennemis qui les attaqueroient sans laisser de faire des sorties aux occasions.

Il y a de certaines contrées où ils changent leurs

villes et villages, de dix, quinze ou trente ans, plus
ou moins, et le font seulement lorsqu'ils se trouuent
trop esloignez des bois; qu'il faut qu'ils portent sur
leur dos, attaché et lié auec vn collier, qui prend et
tient sur le front; mais en hyuer ils ont accoustumé
de faire de certaines traisnées qu'ils appellent *Arocha*,
faictes de longues planchettes de bois de Cedre blanc,
sur lesquelles ils mettent leur charge, et ayans des raquettes attachées sous leurs pieds, traisnent leur fardeau par-dessus les neiges, sans aucune difficulté. Ils
changent leur ville ou village, lors que par succession
de temps les terres sont tellement fatiguées, qu'elles
ne peuuent plus porter leur bled avec la perfection
ordinaire, faute de fumier, et pour ne sçauoir culti-
uer la terre, ny semer dans || d'autres lieux, que dans 118
les trous ordinaires.

Leurs Cabanes, qu'ils appellent *Ganonchia*, sont faictes, comme i'ay dict, en façon de tonnelles ou berceaux de jardins, couuertes d'escorces d'arbres, de la longueur de 25. à 30. toises, plus ou moins (car elles ne sont pas toutes egales en longueur), et six de large, laissans par le milieu vne allée de 10. à 12. pieds de large, qui va d'vn bout à l'autre; aux deux costez il y a vne manière d'establie de la hauteur de quatre ou cinq pieds; qui prend d'vn bout de la Cabane à l'autre, où ils couchent en esté, pour euiter l'importunité des puces, dont ils ont grande quantité, tant à cause de leurs chiens qui leur en fournissent à bon escient, que pour l'eau que les enfants y font, et en hyuer ils couchent en bas sur des nattes proches du feu, pour estre plus chaudement, et sont arrangez les vns proches des autres, les enfans au lieu plus chaud et eminent,

pour l'ordinaire, et les pere et mere apres, et n'y a
point d'entre-deux ou de separation, ny de pied, ny
de cheuet, non plus en haut qu'en bas, et ne font
autre chose pour dormir, que de se coucher en la mes-
119 me place où ils sont || assis, et s'affubler la teste auec
leur robe, sans autre couuerture ny lict.

Ils emplissent de bois sec, pour brusler en hyuer,
tout le dessous de ces establies, qu'ils appellent *Gariha-
gueu* et *Eindichaguet* : mais pour les gros troncs ou tisons appellez *Aneincuny*, qui seruent à entretenir le feu,
esleuez vn peu en haut par vn des bouts, ils en font
des piles deuant leurs Cabanes, ou les serrent au dedans des porches, qu'ils appellent *Aque*. Toutes les
femmes s'aydent à faire cette prouision de bois, qui
se fait dès le mois de Mars, et d'Auril, et auec cet ordre en peu de iours chaque mesnage est fourny de ce
qui luy est necessaire.

Ils ne se seruent que de tres-bon bois, aymant
mieux l'aller chercher bien loin, que d'en prendre de
vert, ou qui fasse fumée; c'est pourquoy ils entretiennent tousiours vn feu clair auec peu de bois : que
s'ils ne rencontrent point d'arbres bien secs, ils en
abattent de ceux qui ont les branches seiches, lesquelles ils mettent par esclats, et couppent d'vne égale
longueur, comme les cotrays de Paris. Ils ne se seruent point du fagotage, non plus que du tronc des
120 plus gros arbres || qu'ils abattent; car ils les laissent
là pourrir sur la terre, pource qu'ils n'ont point de
scie pour les scier, ny l'industrie de les mettre en
pieces qu'ils ne soient secs et pourris. Pour nous qui
n'y prenions pas garde de si prés, nous nous conten-
tions de celuy qui estoit plus proche de nostre Ca-

bane, pour n'employer tout nostre temps à cette occupation.

En vne Cabane il y a plusieurs feux, et à chaque feu il y a deux mesnages, l'vn d'vn costé, l'autre de l'autre, et telle Cabane aura iusqu'à huict, dix ou douze feux, qui font 24. mesnages, et les autres moins, selon qu'elles sont longues ou petites, et où il fume à bon escient, qui faict que plusieurs en reçoiuent de tres-grandes incommoditez aux yeux, n'y ayant fenestre ny ouuerture, que celle qui est au dessus de leur Cabane, par où la fumée sort. Aux deux bouts il y a à chacun vn porche, et ces porches leur seruent principalement à mettre leurs grandes cuues ou tonnes d'escorce, dans quoy ils serrent leur bled d'Inde, apres qu'il est bien sec et esgrené. Au milieu de leur logement il y a deux grosses perches suspenduës
qu'ils appellent *Ouaronta*, où ils pen- || dent leur cra- 12
maliere, et mettent leurs habits, viures et autres choses, depeur des souris, et pour tenir les choses seichement : Mais pour le poisson duquel ils font prouision pour leur hiuer, apres qu'il est boucané, ils le serrent en des tonneaux d'escorce, qu'ils appellent *Acha*, excepté *Leinchataon*, qui est vn poisson qu'ils n'esuentrent point, et lequel ils pendent au haut de leur Cabane auec des cordelettes, pource qu'enfermé en quelque tonneau il sentiroit trop mauuais, et se pourriroit incontinent.

Crainte du feu, auquel ils sont assez suiets, ils serrent souuent en des tonneaux ce qu'ils ont de plus precieux, et les enterrent en des fosses profondes qu'ils font dans leurs Cabanes, puis les couurent de la mesme terre, et cela les conserue non seulement du feu, mais aussi de la main des larrons, pour n'auoir autre coffre ny armoire en tout leur mesnage, que ces petits tonneaux. Il est vray qu'ils se font peu souuent du tort les vns aux autres; mais encore s'y en trouue-t-il par-fois de meschans, qui leur font du desplaisir quand ils ne pensent estre descouuerts, et que ce soit principalement quelque chose à manger.

---

122 || *Exercice ordinaire des hommes et des femmes.*

Chapitre VII.

Ce bon Legislateur des Atheniens, Solon, fit une Loy, dont Amasis, Roi d'Egypte, auait esté jadis Autheur : Que chacun monstre tous les ans d'où il vit, par deuant le Magistrat, autrement à faute de ce faire qu'il soit puny de mort. L'occupation de nos Sauuages est la pesche, la chasse et la guerre; aller à la traicte, faire des Cabanes et des Canots, ou les outils propres à cela. Le reste du temps ils le passent en oisiueté, à joüer, dormir, chanter, dancer, petuner, ou aller en festins, et ne veulent s'entremettre d'aucun autre ouvrage qui soit du deuoir de la femme, sans grande necessité.

L'exercice du jeu est tellement frequent et coustumier entr'eux, qu'ils y employent beaucoup de temps, et par-fois tant les hommes que les femmes ioüent

tout ce qu'elles ont, et perdent aussi gayement, et
|| patiemment, quand la chance ne leur en dict 123
point, que s'ils n'auoient rien perdu, et en ay veu s'en retourner en leur village tous nuds, et chantans, apres auoir tout laissé aux nostres, et est arriué vne fois entre les autres, qu'vn Canadien perdit et sa femme et ses enfants au jeu contre un François, qui lui furent neantmoins rendus apres volontairement.

Les hommes ne s'addonnent pas seulement au jeu de paille, nommé *Aescara*, qui sont trois ou quatre cens de petits joncs blancs egalement couppez, de la grandeur d'vn pied ou enuiron; mais aussi à plusieurs autres sortes de jeu; comme de prendre vne grande escuelle de bois, et dans icelle auoir cinq ou six noyaux ou petites boulettes un peu plattes, de la grosseur du bout du petit doigt, et peintes de noir d'vn costé, et blanches et jaunes de l'autre : et estans tous assis à terre en rond, à leur accoustumée, prennent tour à tour, selon qu'il eschet, cette escuelle, auec les deux mains, qu'ils esleuent vn peu de terre, et à mesme temps l'y reposent, et frappent un peu rudement, de sorte que ces boulettes sont contraintes de se remuer et sauter, et voyent comme au jeu
|| de dez, de quel costé elles se reposent, et si elles 124
font pour eux, pendant que celuy qui tient l'escuelle la frappe, et regarde à son jeu, il dit continuellement et sans intermission, *Tet, tet, tet, tet*, pensant que cela excite et faict bon jeu pour luy. Mais le jeu des femmes et filles, auquel s'entretiennent aussi par-fois des hommes et garçons auec elles, est particulierement auec cinq ou six noyaux, comme ceux de nos abri-

cots, noirs d'vn costé, lesquels elles prennent auec la main, comme on faict les dez, puis les iettent vn peu en haut, et estans tombez sur vn cuir, ou peau estenduë contre terre exprez, elles voyent ce qui faict pour elles, et continuent à qui gaignera les colliers, oreillettes, ou autres bagatelles qu'elles ont, et non iamais aucune monnoye; car ils n'en ont nulle cognoissance ny vsage; ains mettent, donnent et eschangent vne chose pour vne autre, en tout le pays de nos Sauuages.

Ie ne puis obmettre aussi qu'ils pratiquent en
quelques-vns de leurs villages, ce que nous appelons
en France porter les momons : car ils deffient et in-
uitent les autres villes et villages de les venir voir,
125 joüer auec eux, et gaigner leurs || vstensilles s'il eschet
et cependant les festins ne manquent point : car pour la moindre occasion la chaudiere est tousiours preste, et particulierement en hyuer, qui est le temps auquel principalement ils se festinent les vns les autres. Ils aiment la peinture et y reüsissent assez industrieusement, pour des personnes qui n'y ont point d'art ny d'instrumens propres, et font neantmoins des representations d'hommes, d'animaux, d'oyseaux et autres grotesques, tant en relief de pierres, bois et autres semblables matieres, qu'en platte peinture sur leurs corps, qu'ils font non pour idolatrer; mais pour se contenter la veuë, embellir leurs Calumets et Petunoirs, et pour orner le deuant de leurs Cabanes.

Pendant l'hyuer, du filet que les femmes et filles ont filé, ils font les rets et filets à pescher et prendre le poisson en esté, et mesme en hyuer sous la glace

à la ligne, ou à la seine, par le moyen des trous qu'ils y font en plusieurs endroicts. Ils font aussi des flesches auec le cousteau, fort droictes et longues, et n'ayans point de cousteaux, ils se seruent de pierres trenchantes, et les empennent de plumes || de queuës 126
et d'aisles d'Aigles, parce qu'elles sont fermes et se portent bien en l'air; la poincte auec vne colle forte de poisson, ils y accommodent vne pierre acerée, ou vn os, ou des fers, que les François leur traictent. Ils font aussi des masses de bois pour la guerre, et des pauois qui couurent presque tout le corps, et auec des boyaux ils font des cordes d'arcs et des raquettes, pour aller sur la neige, au bois et à la chasse.

Ils font aussi des voyages par terre, aussi bien que par mer, et les riuieres, et entreprendront (chose incroyable) d'aller dix, vingt, trente et quarante lieuës par les bois, sans rencontrer ny sentiers ny Cabanes, et sans porter aucuns viures sinon du petun et vn fuzil, auec l'arc au poing, et le carquois sur le dos. S'ils sont pressez de la soif, et qu'ils n'ayent point d'eau, ils ont l'industrie de succer les arbres, particulierement les Fouteaux, d'où distile vne douce et fort agreable liqueur, comme nous faisions aussi, au temps que les arbres estoient en seue. Mais lors qu'ils entreprennent des voyages en pays loingtain, ils ne les font point pour l'ordinaire inconsiderément, et sans en auoir eu la || permission des Chefs, lesquels 127
en vn conseil particulier ont accoustumé d'ordonner tous les ans, la quantité des hommes qui doiuent partir de chaque ville ou village, pour ne les laisser desgarnis de gens de guerre, et quiconque voudroit

partir autrement, le pourroit faire à toute rigueur ; mais il seroit blasmé, et estimé fol et imprudent.

I'ay veu plusieurs Sauuages des villages circonuoysins, venir à *Quieunonascaran*, demander congé à Onorotandi, frere du grand Capitaine *Auoindaon*, pour auoir la permission d'aller au Saguenay : car il se disoit Maistre et Superieur des chemins et riuieres qui y conduisent, s'entend iusques hors le pays des Hurons. De mesme il falloit auoir la permission *d'Auoindaon* pour aller à Kebec, et comme chacun entend d'estre maistre en son pays, aussi ne laissent-ils passer aucun d'vne autre Nation Sauuage par leur pays, pour aller à la traicte, sans estre recogneus et gratifiez de quelque present : ce qui se faict sans difficulté, autrement on leur pourroit donner de l'empeschement, et faire du desplaisir.

128 Sur l'hyuer, lors que le poisson se retire || sentant
le froid, les Sauuages errans, comme sont les Canadiens, Algoumequins et autres, quittent les riues de la mer et des riuieres, et se cabanent dans les bois, là où ils sçauent qu'il y a de la proye. Pour nos Hurons, Honqueronons et peuples Sedentaires, ils ne quittent point leurs Cabanes, et ne transportent point leurs villes et villages (que pour les raisons et causes que i'ay deduites cy-dessus au Chapitre sixiesme.)

Lors qu'ils ont faim, ils consultent l'Oracle, et apres ils s'en vont l'arc en main, et le carquois sur le dos, la part que leur *Oki* leur a indiqué, ou ailleurs où ils pensent ne point perdre leur temps. Ils ont des chiens qui les suyuent, et nonobstant qu'ils ne jappent point, toutesfois ils sauent fort bien descouurir le giste de la beste qu'ils cherchent, laquelle es-

tant trouuée ils la poursuyuent courageusement, et
ne l'abandonnent iamais qu'ils ne l'ayent terrassée :
et enfin l'ayant naurée à mort ils la font tant harce-
ler par leurs chiens, qu'il faut qu'elle tombe. Lors ils
luy ouurent le ventre, baillent la curée aux chiens,
festinent, et emportent le reste. Que si la beste, pres-
sée de trop prés, || rencontre vne riuiere, la mer ou 129
vn lac, elle s'eslance librement dedans : mais nos
Sauuages agiles et dispos sont aussi tost apres auec
leurs Canots, s'il s'y en trouue, et puis lui donnent
le coup de la mort.

Leurs Canots sont de 8. à 9. pas de long, et enuiron vn pas, ou pas et demy de large par le milieu,
et vont en diminuant par les deux bouts, comme la
nauette d'vn Tessier, et ceux-là sont des plus grands
qu'ils fassent; car ils en ont encore d'autres plus petits, desquels ils se seruent selon l'occasion et la difficulté des voyages qu'ils ont à faire. Ils sont fort
suiets à tourner, si on ne les sçait bien gouuerner,
comme estans faits d'escorce de Bouleau, renforcés
par le dedans de petits cercles de Cedre blanc, bien
proprement arrangez, et sont si legers qu'vn homme
en porte aysement vn sur sa teste, ou sur son espaule, chacun peut porter la pesanteur d'une pipe,
et plus ou moins, selon qu'il est grand. On faict aussi
d'ordinaire par chacun iour, quand l'on est pressé,
25. ou 30. lieuës dans lesdits Canots, pourueu qu'il
n'y ait point de saut à passer, et qu'on aille au gré
du vent et de l'eau : car ils vont d'vne vitesse et lege-
|| reté si grande, que ie m'en estonnois, et ne pense 130
pas que la poste peust aller plus viste, quand ils sont
conduits par de bons Nageurs.

De mesme que les hommes ont leur exercice particulier, et sçauent ce qui est du deuoir de l'homme, les femmes et les filles aussi se maintiennent dans leur condition, et font paisiblement leurs petits ouurages, et les œuures seruiles : elles trauaillent ordinairement plus que les hommes, encore qu'elles n'y soient point forcées ny contraintes. Elles ont le soin de la cuisine et du mesnage, de semer et cueillir les bleds, faire les farines, accommoder le chanure et les escorces, et de faire la prouision de bois necessaire. Et pource qu'il leur reste encore beaucoup de temps à perdre, elle l'employent à ioüer, aller aux dances et festins, à deuiser et passer le temps, et faire tout ainsi comme il leur plaist du temps qu'elles ont de bon, qui n'est pas petit, puis que tout leur mesnage consiste à peu, veu mesmes qu'elles ne sont admises en plusieurs de leurs festins, ny en aucun de leurs conseils, ny à faire leurs Cabanes et Canots, entre nos Hurons.

131 Elles ont l'inuention de filer le chanvre || sur leur cuisse, n'ayans pas l'vsage de la quenouille et du fuseau, et de ce filet les hommes en lassent leurs rets et filets, comme i'ay dit. Elles pilent aussi le bled pour la cuisine, et en font rostir dans les cendres chaudes, puis en tirent la farine pour leurs marys, qui vont l'esté trafiquer en d'autres Nations esloignées. Elles font de la poterie, particulierement des pots tous ronds, sans ances et sans pieds, dans quoy elles font cuire leurs viandes, chair ou poisson. Quand l'hyuer vient, elles font des nattes de joncs, dont elles garnissent les portes de leurs Cabannes, et en font d'autres pour s'asseoir dessus, le tout fort proprement.

Les femmes des Cheueux Releuez mesmes, baillent des couleurs aux joncs, et font des compartimens d'ouurages auec telle mesure qu'il n'y a que redire. Elles couroyent et adoucissent les peaux des Castors et d'Eslans, et autres, aussi bien que nous sçaurions faire icy, dequoy elles font leurs manteaux ou couuertures, et y peignent des passements et bigarures, qui ont fort bonne grâce.

Elles font semblablement des paniers de jonc, et d'autres auec des escorces de || Bouleaux pour mettre 132
des fezoles, du bled et des pois, qu'ils appellent *Acointa*, de la chair, du poisson et autres petites prouisions : elles font aussi comme vne espece de gibesiere de cuir, ou sac à petun, sur lesquels elles font des ouurages dignes d'admiration, auec du poil de porc espic, coloré de rouge, noir, blanc et bleu, qui sont les couleurs qu'elles font si viues, que les nostres ne semblent point en approcher. Elles s'exercent aussi à faire des escuelles d'escorce pour boire et manger, et mettre leurs viandes et menestres. De plus, les escharpes, carquans et brasselets qu'elles et les hommes portent, sont de leurs ouurages : et nonobstant qu'elles ayent beaucoup plus d'occupation que les hommes, lesquels tranchent du Gentilhomme entr'eux, et ne pensent qu'à la chasse, à la pesche, ou à la guerre, encore ayment-elles communément leurs marys plus que ne font pas celles de deçà : et s'ils estoient Chrestiens ce seroient des familles auec lesquelles Dieu se plairoit et demeureroit.

---

133 || *Comme ils defrichent, sement et cultiuent les terres, et apres comme ils accommodent le bled et les farines, et de la façon d'apprester leur manger.*

Chapitre VIII.

Levr coustume est, que chaque mesnage vit de ce qu'il pesche, chasse et seme, ayans autant de terre comme il leur est necessaire : car toutes les forests, prairies et terres non defrischées sont en commun, et est permis à vn chacun d'en defrischer et ensemencer autant qu'il veut, qu'il peut, et qu'il luy est necessaire; et cette terre ainsi defrichée demeure à la personne autant d'années qu'il continuë de la cultiuer et s'en seruir, et estant entierement abandonnée du maistre, s'en sert par apres qui veut, et non autrement. Ils les defrichent auec grand peine, pour n'auoir des instrumens propres : ils coupent les arbres à la hauteur de deux ou trois pieds de terre, puis ils es-
134 || mondent toutes les branches, qu'ils font brusler au pied d'iceux arbres pour les faire mourir, et par succession de temps en ostent les racines; puis les femmes nettoyent bien la terre entre les arbres, et beschent de pas en pas vne place ou fossé en rond, où ils sement à chacune 9. ou 10. grains de Maiz, qu'ils ont premierement choisy, trié et fait tremper quelques iours en l'eau, et continuent ainsi, iusques à ce qu'ils en ayent pour deux ou trois ans de prouision; soit pour la crainte qu'il ne leur succede quel-

que mauuaise année, ou bien pour l'aller traicter en d'autres Nations pour des pelleteries ou autres
choses qui leur font besoin, et tous les ans sement
ainsi leur bled aux mesmes places et endroits, qu'ils
rafraischissent auec leur petite pelle de bois, faicte en
la forme d'vne oreille, qui a vn manche au bout; le
reste de la terre n'est point labouré, ains seulement
nettoyé des meschantes herbes : de sorte qu'il semble
que ce soient tous chemins, tant ils sont soigneux de
tenir tout net, ce qui estoit cause qu'allant par-fois
seul de village à autre, ie m'esgarois ordinairement
dans ces champs de bled, plustost que dans les prairies et forests.

|| Le bled estant donc ainsi semé, à la façon que 135
nous faisons les febues, d'vn grain sort seulement
vn tuyau ou canne, et la canne rapporte deux ou
trois espics, et chaque espic rend cent, deux cents,
quelquefois 400 grains, et y en a tel qui en rend plus.
La canne croist à la hauteur de l'homme, et plus, et
est fort grosse, (il ne vient pas si bien et si haut, ny
l'espic si gros, et le grain si bon en Canada ny en
France que là.) Le grain meurit en quatre mois, et
en de certains lieux en trois : apres ils le cueillent,
et le lient par les fueilles retroussées en haut, et l'accommodent par pacquets, qu'ils pendent tous arrangez le long des Cabanes, de haut-en-bas, en des perches qu'ils y accommodent en forme de rattelier, des-
cendant iusqu'au bord deuant l'establie, et tout cela
est si proprement aiancé, qu'il semble que ce soient
tapisseries tenduës le long des Cabanes, et le grain
estant bien sec et bon à serrer, les femmes et filles
l'esgrenent, nettoyent et mettent dans leurs grandes

cuues ou tonnes à ce destinées, et posées en leur porche, ou en quelque coin de leurs Cabanes.

136 Pour le manger en pain, ils font pre- || mierement vn peu boüillir le grain en l'eau, puis l'essuyent, et le font vn peu seicher : en apres ils le broyent, le pestrissent auec de l'eau tiede, et le font cuire sous la cendre chaude, enueloppé de fueilles de bled, et à faute de fueilles le lauent apres qu'il est cuit : s'ils ont des Fezoles ils en font cuire dans vn petit pot, et en meslent parmy la paste sans les escacher, ou bien des fraizes, des bluës (1); framboises, meures champestres, et autres petits fruicts secs et verts, pour lui donner du goust et le rendre meilleur; car il est fort fade de soy, si on n'y mesle de ces petits ragousts. Ce pain, et toute autre sorte de biscuit que nous vsons, il l'appellent *Andataroni*, excepté le pain mis et accommodé comme deux balles iointes ensemble, enueloppé entre des fueilles de bled d'Inde, puis boüilly et cuit en l'eau, et non sous la cendre, lequel ils appellent d'vn nom particulier *Coinkia*. Ils font encore du pain d'vne autre sorte, c'est qu'ils cueillent vne quantité d'espics de bled, auant qu'il soit du tout sec et meur, puis les femmes, filles et enfans auec les dents en destachent les grains, qu'ils reiettent par apres auec la bouche dans de grandes
137 escuelles || qu'elles tiennent auprés d'elles, et puis on l'acheue de piler dans le grand Mortier : et pour ce que cette paste est fort molasse, il faut necessaire-

(1) Le bluet ou bleuet du Canada (espèce du genre airelle), sorte d'arbrisseau qui produit une baie d'un bleu foncé, excellente à manger. (NOTE DE L'ÉDITEUR.)

ment l'enuelopper dans des fueilles pour là faire cuire sous les cendres à l'accoustumée ; ce pain masché est le plus estimé entr'eux, mais pour moy ie n'en mangeois que par necessité et à contre cœur, à cause que le bled auoit esté ainsi à demy masché, pilé et pestry auec les dents des femmes, filles et petits enfans.

Le pain de Maiz, et la Sagamité qui en est faicte, est de fort bonne substance, et m'estonnois de ce qu'elle nourrit si bien qu'elle faict : car pour ne boire que de l'eau en ce pays-là, et ne manger que fort peu souuent de ce pain, et encore plus rarement de la viande, n'vsans presque que des seuls Sagamités, auec vn bien peu de poisson, on ne laisse pas de se bien porter, et estre en bon poinct, pourueu qu'on en ait suffisamment, comme on n'en manque point dans le pays; mais seulement en de longs voyages, où l'on souffre souuent de grandes necessitez.

Ils diuersifient et accommodent en plusieurs façons
leur bled pour le manger; || car comme nous som- 13
mes curieux de diuerses saulces pour contenter nostre appetit, aussi sont-ils soigneux de faire leur Menestre de diuerses manieres, pour la trouuer meilleure, et celle qui me sembloit la plus agreable, estoit la Neintahouy ; puis l'Eschionque. La Neintahouy se faict en cette façon ; les femmes font rostir quantité d'espics de bled, auant qu'il soit entierement meur, les tenans appuyez contre vn baston couché sur deux pierres deuant le feu, et les retournent de costé et d'autre, iusqu'à ce qu'ils soient suffisamment rostis, ou pour auoir plustost faict, elles les mettent et retirent de dedans vn monceau de

sable, premierement bien eschauffé d'vn bon feu qui aura esté faict dessus, puis en destachent les grains, et les font encore seicher au Soleil, espandus sur des escorces, apres qu'il est assez sec ils le serrent dans vn tonneau, auec le tiers ou le quart de leur Fezole, appellée *Ogaressa*, qu'ils meslent parmy; et quand ils en veulent manger ils le font boüillir ainsi entier en leur pot ou chaudiere, qu'ils appellent *Anoo*, auec vn peu de viande ou de poisson, fraiz ou sec, s'ils en ont.

139 || Pour faire de l'Eschionque, ils font griller dans les cendres de leur foyer, meslées de sable, quantité de bled sec, comme si c'estoient pois, puis ils pilent ce Maiz fort menu, et apres auec vn petit vent d'escorce ils en tirent la fine fleur, et cela est l'Eschionque : cette farine se mange aussi bien seiche que cuite en vn pot, ou bien destrempée en eau, tiede ou froide. Quand on la veut faire cuire on la met dans le boüillon, où l'on aura premierement fait cuire quelque viande ou poisson qui y sera demincé, auec quantité de citroüilles, si on veut, sinon dans le boüillon tout clair, et en telle quantité que la Sagamité en soit suffisamment espaisse, laquelle on remuë continuellement auec vne Espatule, par eux appellée *Estoqua*, de peur qu'elle ne se tienne par morceaux; et incontinent apres qu'elle a vn peu boüilly on la dresse dans les escuelles, auec vn peu d'huile ou de graisse fonduë par-dessus, si l'on en a, et cette Sagamité est fort bonne, et rassasie grandement. Pour le gros de cette farine, qu'ils appellent *Acointa*, c'est à dire pois (car ils lui donnent le mesme nom qu'à nos pois) ils le font boüillir à part dans l'eau, auec du

poisson, s'il y en a, puis le || mangent. Ils font de 140
mesme du bled qui n'est point pilé; mais il est fort
dur à cuire.

Pour la Sagamité ordinaire, qu'ils appellent *Ottet*,
c'est du Maiz cru, mis en farine, sans en separer ny
la fleur ny les pois, qu'ils font boüillir assez clair,
auec vn peu de viande ou poisson, s'ils en ont, et y
meslent aussi par-fois des citroüilles decoupées par
morceaux, s'il en est la saison, et assez souuent rien
du tout : de peur que la farine ne se tienne au fond
du pot, ils la remuent souuent auec l'Estoqua, puis
la mangent; c'est le potage, la viande et le mets quotidien,
et n'y a plus rien à attendre pour le repas; car
lors mesmes qu'ils ont quelque peu de viande ou
poisson à départir entr'eux (ce qui arriue rarement,
excepté au temps de la chasse ou de la pesche) il est
partagé, et mangé le premier, auparauant le potage
ou Sagamité.

Pour Leindohy ou bled puant, ce sont grande
quantité d'espics de bled, non encore du tout sec et
meur, pour estre plus susceptible à prendre odeur,
que les femmes mettent en quelque mare ou eau
puante, par l'espace de deux ou trois mois, au bout
desquels elles les en retirent, et || cela sert à faire des 141
festins de grande importance, cuit comme la *Neintahouy*,
et aussi en mangent de grillé sous les cendres
chaudes, lechans leurs doigts au maniement de ces
espics puants, de mesme que si c'estoient cannes de
sucre, quoy que le goust et l'odeur en soit trespuante,
et infecte plus que ne font les esgouts mesmes,
et ce bled ainsi pourry n'estoit point ma viande,
quelque estime qu'ils en fissent, ny ne le maniois

pas volontiers des doigts ny de la main, pour la mauuaise odeur qu'il y imprimoit et laissoit par plusieurs iours : aussi ne m'en presenterent-ils plus lors qu'ils eurent recogneu le degoust que i'en auois. Ils font aussi pitance de glands, qu'ils font boüillir en plusieurs eauës pour en oster l'amertume, et les trouuois assez bons : ils mangent aussi d'aucunes fois d'vne certaine escorce de bois cruë, semblable au saulx, de laquelle i'ay mangé à l'imitation des Sauuages; mais pour des herbes ils n'en mangent point du tout, ny cuites ny cruës, sinon de certaines racines qu'ils appellent *Sondhratatte*, et autres semblables.

Auparauant l'arriuée des François au pays des Ca-
142 nadiens, et des autres peu- || ples errans, tout leur
meuble n'estoit que de bois, d'escorces ou de pierres; de ces pierres ils en faisoient des haches et cousteaux, et du bois et de l'escorce ils en fabriquoient toutes les autres vstensiles et pieces de mesnage, et mesme les chaudieres, bacs ou auges à faire cuire leur viande, laquelle ils faisoient cuire, ou plustost mortifier en cette maniere.

Ils faisoient chauffer et rougir quantité de graiz et cailloux dans vn bon feu, puis les iettoient dans la chaudiere pleine d'eau, en laquelle estoit la viande ou le poisson à cuire, et à mesme temps les en retiroient et en remettoient d'autres en leur place, et à succession de temps l'eauë s'eschauffoit, et cuisoit ainsi aucunement la viande. Mais pour nos Hurons, et autres peuples et nations Sedentaires, ils auoient (comme ils ont encore) l'vsage et l'industrie de faire des pots de terre, qu'ils cuisent en leur foyer, et sont forts bons, et ne se cassent point au feu, encore

qu'il n'y ait point d'eau dedans ; mais ils ne peuuent
aussi souffrir long-temps d'humidité et l'eau froide,
qu'ils ne s'attendrissent et cassent au moindre heurt
qu'on leur donne, autrement ils dürent fort || long 143
temps. Les Sauuagesses les font, prenant de la terre
propre, laquelle ils nettoyent et pestrissent tres-bien,
y meslans parmi un peu de graiz, puis la masse estant reduite comme une boule, elles y font un trou
auec le poing, qu'ils agrandissent tousiours, en frap-
pant par dedans auec une petite palette de bois, tant
et si long temps qu'il est necessaire pour les parfaire :
ces pots sont faits sans pieds et sans ances, et tous
ronds comme vne boule, excepté la gueule qui sort
vn peu en dehors.

De leurs festins et conuiues.

Chapitre IX.

Ce grand Philosophe Platon cognoissant le
dommage que le vin apporte à l'homme,
disoit qu'en partie les dieux l'auoient enuoyé çà-bas pour faire punition des hom-
mes, et prendre vengeance de leurs offences, les faisans (apres qu'ils sont yures) tuer et occire l'vn
l'autre.

|| Quand quelqu'vn de nos Hurons veut faire fes- 144
tin à ses amys, il les enuoye inuiter de bonne heure,
comme l'on faict icy ; mais personne ne s'excuse entr'eux, et tel sort d'vn festin, qui du mesme pas s'en

va à vn autre; car ils tiendroient à affront d'estre esconduits, s'il n'y auoit excuse vrayement legitime. Le monde estant inuité, on met la chaudiere sur le feu, grande ou petite, selon le nombre des personnes qu'on doit auoir : tout estant cuit et prest à dresser, on va diligemment aduertir ses gens de venir, leur disans à leur mode, *Saconcheta*, *Saconcheta*, c'est à dire, venez au festin, venez au festin (qui est vn mot qui ne deriue point pourtant du mot de festin, car *Agochin*, entr'eux, veut dire festin) lesquels s'y en vont à mesme temps, et y portent grauement chacun deuant soy en leurs deux mains, leur escuelle et la cueillier dedans : que si c'estoient Algoumequins qui fissent le festin, les Hurons y porteroient chacun vn peu de farine dans leurs escuelles, à raison que ces *Aquanaques* en sont pauures et disetteux. Entrans dans la Cabane, chacun s'assied sur les Nattes de costé et d'autre de la Cabane, les hom-
145 mes au haut bout, et les femmes et enfans || plus bas tout de suite. Estans tous entrez on dit les mots, apres lesquels il n'est loisible à personne d'y plus entrer, fust-il vn des conuiez ou non, ayans opinion que cela apporteroit mal-heur, ou empescheroit l'effect du festin, lequel est tousiours faict à quelque intention, bonne ou mauuaise.

Les mots du festin sont, *Nequarré*, la chaudiere est cuite (prononcez hautement et distinctement par le Maistre du festin, ou par vn autre deputé par luy), tout le monde respond, *Ho*, et frappent du poing contre terre, *Gagnenon Youry*, il y a vn chien de cuit : si c'est du cerf, ils disent, *Sconoton Youry*, et ainsi des autres viandes, nommant l'espece ou les choses qui

sont dans la chaudiere les vnes apres les autres, et tous respondent *Ho* à chaque chose, puis frappent et donnent du poing contre terre, comme demonstrans et approuuans la valeur d'vn tel festin : cela estant dict, ceux qui doiuent seruir, vont de rang en rang prendre les escuelles d'vn chacun, et les emplissent du broüet avec leurs grandes cueilliers, et recommencent et continuent tousiours à remplir, tant que
la chaudiere soit vuide, il faut || aussi que chacun 14
mange ce qu'on luy donne, et s'il ne le peut, pour estre trop saoul, il faut qu'il se rachete de quelque petit present enuers le Maistre du festin, et auec cela il faut qu'il fasse acheuer de vuider son escuelle par vn autre, tellement qu'il s'y en trouue qui ont le ventre si plein, qu'ils ne peuuent presque respirer.

Apres que tout est faict, chacun se retire sans boire; car on n'en presente iamais si on n'en demande particulierement, ce qui arriue fort rarement; aussi ne mangent-ils rien de trop salé ou espicé, qui les peust prouoquer à boire de l'eau, qu'ils ont pour toute boisson, ce qui est vn grand bien, pour euiter les dissolutions, noises et querelles que le vin, ou autre boisson enyvrante leur pourroit causer, comme à beaucoup de nos beuueurs et yurongnes : car ils ont cela par-dessus eux, qu'ils sont plus retenus et graues, auec vn peu de superbe pourtant, vont aux festins d'vn pas modeste, et representans des Magistrats, s'y comportent auec la mesme modestie et silence; et s'en retournent en leurs maisons et cabanes avec la mesme sagesse : de maniere que vous diriez
voir en ces Messieurs-là, les vieillards || de l'ancienne 14
Lacedemone, allans à leur broüet.

Ils font quelquesfois des festins où l'on ne prend rien que du petun, auec leur pipe ou calumet, qu'ils appellent *Anondahoin* : et en d'autres où l'on ne mange rien que du pain ou foüasse pour tout mets, et pour l'ordinaire ce sont festins de songeries, ou qui ont esté ordonnez par le Medecin; les songes resueries et ordonnances duquel sont tellement bien obseruées, qu'ils n'en obmettroient pas vn seul iota, qu'ils n'y fassent toutes les façons, pour l'opinion et croyance qu'ils y ont. Aucunesfois il faut que tous ceux qui sont au festin soient à plusieurs pas l'vn de l'autre, sans s'entre-toucher. Autresfois quand les festinez sortent, l'adieu et remerciement qu'ils doiuent faire, est vne laide grimace au Maistre du festin, ou au malade, à l'intention duquel le festin aura esté faict. A d'autres il ne leur est permis de lascher du vent 24. heures, dans lequel temps s'ils faisoient au contraire, ils se persuaderoient qu'ils mourroient, tant ils sont ridicules et superstitieux à leurs songes, quoy qu'ils mangent de *l'Andataroni*, c'est à dire fouasse ou galette, qui sont choses fort
148 venteu- || ses. Quelquefois il faut qu'apres qu'ils sont bien saouls, et ont le ventre bien plein, qu'ils rendent gorge, et reuomissent auprés d'eux tout ce qu'ils ont mangé, ce qu'ils font facilement. Ils en font de tant d'autres sortes, et de si impertinents, que cela seroit ennuyeux à lire, et trop long à escrire; c'est pourquoy ie m'en deporte, et me contente de ce que i'en ay escrit, pour contenter aucunement les plus curieux des ceremonies estrangeres.

De quelque animal que se fasse le festin, la teste entiere est tousiours donnée et presentée au principal

Capitaine, ou à vn autre des plus vaillans de la trouppe, à la volonté du Maistre du festin, pour tesmoigner que la vaillance et la vertu sont en estime; comme nous remarquons chez Homere aux festins des Heros, qu'on leur enuoyait quelque piece de bœuf pour honorer leur vertu, ce qui semble estre un temoignage tiré de la Nature, puisque ce que nous trouuons auoir esté pratiqué és festins solennels des Grecs, peuples polis, se rencontre en ces Sauuages, par l'inclination de la Nature, sans cette politesse.

Pour les autres conuiez, qui sont de || moindre 149
consideration, si la beste est grosse, comme d'vn Ours, d'vn Eslan, d'vn Esturgeon, ou bien de quelque homme de leurs ennemis, chacun a vn morceau du corps, et le reste est demincé dans le broüet pour le rendre meilleur. C'est aussi la coustume que celuy qui faict le festin ne mange point pendant iceluy; ains petune, chante, ou entretient la compagnie de quelques discours : I'y en ay veu quelques-vns manger, contre leur coustume, mais peu souuent.

Et pour dresser la ieunesse à l'exercice des armes, et à les rendre recommandables par le courage et la proüesse qu'ils estiment grandement, ils ont accoustumé de faire des festins de guerre, et de resiouyssance, ausquels les vieillards mesmes, et les ieunes hommes à leur exemple, les vns apres les autres, ayans une hache en main, ou quelqu'autre instrument de guerre, font des merueilles de s'escrimer et combattre d'un bout à l'autre de la place où se faict le festin, comme si en effect ils estoient aux prises auec l'ennemy : et pour s'exciter et esmouuoir en-

core dauantage à cet exercice, et faire voir que dans
150 l'occasion ils ne manqueroient pas de courage; || ils chantent d'vn ton menaçant et furieux, des iniures, imprecations et menaces contre leurs ennemis, et se promettent vne entiere victoire sur eux. Si c'est vn festin de victoire et de resiouyssance, ils chantent d'vn ton plus doux et agreable, les loüanges de leurs braues Capitaines qui ont bien tué de leurs ennemis, puis se rassoient, et vn autre prend la place, iusqu'à la fin du festin.

Des dances, chansons et autres ceremonies ridicules.

Chapitre X.

Nos Sauuages, et generalement tous les peuples des Indes Occidentales, ont de tout temps l'vsage des dances; mais ils l'ont à quatre fins : ou pour agreer à leurs Demons, qu'ils pensent leur faire du bien, ou pour faire feste à quelqu'vn, ou pour se resiouyr de quelque signalée victoire, ou pour preuenir et guerir les maladies et infirmitez qui leur arriuent.

151 || Lorsqu'il se doit faire quelques dances, nuds, ou couuerts de leurs brayers, selon qu'aura songé le malade, ou ordonné le Medecin, ou les Capitaines du lieu, le cry se faict par toutes les ruës de la ville ou du village, aduertissant et inuitant les ieunes gens de s'y porter au iour et heure ordonnez, le mieux matachié et paré qu'il leur sera possible, ou

en la maniere qu'il aura esté ordonné, et qu'ils prennent courage, que c'est pour vne telle intention, nommant le suiet de la dance : ceux des villages circonuoysins ont le mesme aduertissement, et sont aussi priez de s'y trouuer, comme ils font, à la volonté d'vn chacun : car l'on n'y contraint personne.

Cependant on dispose vne des plus grandes Cabanes du lieu, et là estans tous arriuez, ceux qui ne
sont là que pour estre spectateurs, comme les vieillards, les vieilles femmes et les enfans se tiennent
assis sur les nattes contre les establies, et les autres
au dessus, du long de la Cabane, puis deux Capitaines
estant debout, chacun vne Tortuë en la main (de
celles qui seruent à chanter et souffler les malades)
chantent ainsi au milieu de la dance, vne chanson, à
laquelle ils accordent le son || de leur Tortuë ; puis 152
estant finie ils font tous vne grande acclamation disans, Héééé, puis en recommencent vne autre, ou
repetent la mesme iusques au nombre des reprises
qui auront esté ordonnées, et n'y a que ces deux Capitaines qui chantent, tout le reste dit seulement,
Het, het, het, comme quelqu'un qui aspire avec vehemence : et puis tousiours à la fin de chaque chanson vne haute et longue acclamation, disans Héééé.

Toutes ces dances se font en rond, du moins en oualle, selon la longueur et largeur des Cabanes ; mais les danceurs ne se tiennent point par la main comme par deçà, ains ils ont tous les poings fermez ; les filles les tiennent l'vn sur l'autre, esloignez de leur estomach, et les hommes les tiennent aussi fermez, esleuez en l'air, et de toute autre façon, en la maniere d'vn homme qui menace, auec mouuement

et du corps et des pieds, leuans l'vn et puis l'autre,
desquels ils frappent contre terre à la cadence des
chansons, et s'esleuans comme en demy-sauts, et les
filles branslans tous le corps, et les pieds de mesme
se retournent au bout de quatre ou cinq petits pas,
153 vers celuy ou celle qui les suit, || pour lui faire la
reverence d'vn hochement de teste. Et ceux ou celles
qui se demeinent le mieux, et font plus à propos toutes les petites chimagrées, sont estimez entr'eux les
meilleurs danceurs, c'est pourquoy ils ne s'y espargnent pas.

Ces dances durent ordinairement vne, deux et
trois apres-disnées, et pour n'y receuoir d'empeschement à y bien faire leur deuoir, quoy que ce soit au
plus fort de l'hyuer, ils n'y portent iamais autres
vestemens ou couuertures que leurs brayers, pour
couurir leur nudité, si ainsi il est permis, comme il
l'est ordinairement, sinon que pour quelqu'autre suiet il soit ordonné de les mettre bas, n'oublians
neantmoins iamais leurs colliers, oreillettes et brasselets, et de se peinturer par-fois; comme au cas pareil les hommes se parent de colliers, plumes, peintures et autres fatras, dont i'en ai veu estre accommodez en Mascarades ou Caresme-prenans, ayans
vne peau d'Ours qui leur couuroit tout le corps, les
oreilles dressées au haut de la teste, et la face couuerte, excepté les yeux, et ceux-cy ne seruoient que
de portiers ou bouffons, et ne se mesloient dans la
154 dance que par interualle, à cause qu'ils || estoient
destinez à autre chose. Ie vis vn iour vn de ces bouffons entrer processionnellement dans la Cabane où
se deuoit faire la dance, auec tous ceux qui estoient

de la feste, lequel portant sur ses espaules vn grand chien lié et garotté par les pattes et le museau, le prit par les deux jambes de derriere au milieu de la Cabane, et le rua contre terre par plusieurs fois, iusqu'à ce qu'estant mort il le fist prendre par vn autre, qui l'alla apprester dans vne autre Cabane pour le festin à l'issuë de la dance.

Si la dance est ordonnée pour vne malade, à la troisiesme ou derniere apres-disnée, s'il est trouué expedient, ou ordonné par Loki, elle y est portée, et en l'vne des reprises ou tour de chanson on la porte, en la seconde on la faict vn peu marcher et dancer, la soustenant par sous les bras : et à la troisiesme, si la force lui peut permettre, ils la font vn peu dancer d'elle-mesme, sans ayde de personne, luy criant cependant tousiours à pleine teste, *Etsagon outsahonne, achieteq anatetsence*, c'est à dire: prend courage femme, et tu seras demain guerie, et apres les dances finies
ceux qui sont destinés pour le festin y || vont, et les 155
autres s'en retournent en leurs maisons.

Il se fit vn iour vne dance de tous les ieunes hommes, femmes et fille toutes nuës en la presence d'vne malade, à laquelle il fallut (traict que je ne sçay commen excuser, ou passer sous silence) qu'vn de ces ieunes hommes luy pissast dans la bouche, et qu'elle auallast et beust cette eau, ce qu'elle fit avec un grand courage, esperant en receuoir guerison : car elle-mesme desira que le tout se fit de la sorte, pour accomplir et ne rien obmettre du songe qu'elle en avoit eu : que si pendant leur songe ou resuerie il leur vient encore en la pensée qu'il faut qu'on

leur fasse present d'vn chien noir ou blanc, ou d'vn
grand poisson pour festiner, ou bien de quelque
chose à autre vsage, à mesme temps le cry en est
faict par toute la ville, afin que si quelqu'vn a vne
telle chose qu'on specifie, qu'il en fasse present à vn
tel malade, pour le recouurement de sa santé : ils
sont si secourables qu'ils ne manquent point de la
trouuer, bien que la chose soit de valeur ou d'importance entr'eux; aymans mieux souffrir et auoir disette des choses, que de manquer au besoin à vn
156 malade; || et pour exemple, le Pere Ioseph auoit
donné vn chat à vn grand Capitaine, comme vn
present tres-rare (car ils n'ont point de ces animaux).
Il arriua qu'vne malade songea que si on lui auoit
donné ce chat qu'elle seroit bien-tost guerie. Ce Capitaine en fut aduerty, qui aussi tost luy enuoye son
chat bien qu'il l'aymast grandement, et sa fille encore plus, laquelle se voyant priuée de cet animal,
qu'elle aymoit passionnement, en tombe malade,
et meurt de regret, ne pouuant vaincre et surmonter son affection, bien qu'elle ne voulust manquer
au secours et ayde de son prochain. Trouuons beaucoup de Chrestiens qui vueillent ainsi s'incommoder pour le seruice des autres, et nous en loüe-
rons Dieu.

Pour recouurer nostre dé à coudre, qui nous auoit esté desrobé par vn ieune garçon, qui depuis le donna à vne fille, ie fus au lieu où se faisoient les dances, et ne manquay point de l'y remarquer, et le r'auoir de la fille qui l'auoit pendu à sa ceinture, auec ses autres matachias, et en attendant l'issuë de la dance, ie me fis repeter par un Sauuage vne des chansons qui s'y disoient, dont en voicy vne partie que i'ay icy escrite.

‖ *Ongyata éuhaha ho ko ho ho ho,* 157
Eguyotonuhaton on on on on on
Eyontara éientet onnet onnet onnet
Eyontara éientet à à à onnet, onnet, onnet, ho ho ho.

Ayant escrit ce petit eschantillon d'vne chanson Huronne, i'ay creu qu'il ne seroit pas mal à propos de descrire encore icy vne partie de quelque chanson, qui se disoit un iour en la Cabane du grand Sagamo des Souriquois, à la loüange du Diable qui leur auoit indiqué de la chasse, ainsi que nous apprist vn François qui s'en dist tesmoin auriculaire, et commence ainsi.

Haloet ho ko hé hé ha ha haloet ho ho h ,

ce qu'ils chantent par plusieurs fois : le chant est sur ces notes,

Re fa sol sol re sol sol fa fa re re sol sol fa fa.

Vne chanson finie, ils font tous vne grande exclamation, disans hé. Puis recommencent vne autre chanson, disans,

Egrigna hau, egrigna hé hé hu hu ho ho ho, égrigna hau hau hau.

Le chant de cette-cy estoit : *Fa fa fa, sol sol, fa fa, re re, sol sol, fa fa fa, re, fa fa, sol sol, fa.* Ayans faict l'ex-

clamation accoustumée, ils en commencerent vne au-
158 tre qui chan- || toit : *Tameia alleluia, tameia à dou veni, hau
hau, hé hé.* Le chant en estoit : *Sol sol sol, fa fa, re re re,
fa fa, sol sol sol, fa fa, re re.*

Les Brasiliens en leurs Sabats, font aussi de bons accords, comme : *hé hé hé hé hé hé hé hé hé hé*, auec cette note, *fa fa sol fa fa sol sol sol sol sol.* Et cela faict s'escrioyent d'vne façon et hurlement espouuentable l'espace d'vn quart d'heure, et sautoient en l'air auec violence, iusqu'à en escumer par la bouche, puis recommencerent la musique, disans ; *Heu heùraùre heùra heùraùre heùra heùra ouek.* La note est : *Fa mi re sol sol sol fa mi re mi re mi ut re.*

Dans le pays de nos Huron, il se faict aussi des
assemblées de toutes les filles d'vn bourg auprés
d'vne malade, tant à sa priere, suyuant la resuerie
ou le songe qu'elle en aura euë, que par l'ordonnance
de Loki, pour sa santé et guerison. Les filles ainsi
assemblées, on leur demande à toutes, les vnes apres
les autres, celuy qu'elles veulent des ieunes hommes
du bourg pour dormir auec elles la nuict prochaine :
elles en nomment chacune vn, qui sont aussi tost
aduertis par les Maistres de ceremonie, lesquels vien-
159 nent tous au soir en la presence de la malade, || dor-
mir auec celle qui l'a choysi, d'vn bout à l'autre de
la Cabane, et passent ainsi toute la nuict pendant que
deux Capitaines aux deux bouts du logis chantent et
sonnent de leur Tortuë du soir au lendemain matin,
que la ceremonie cesse. Dieu vueille abolir vne si
damnable et mal-heureuse ceremonie, auec toutes
celles qui sont de mesme aloy, et que les François
qui les fomentent par leurs mauuois exemples, ou-

urent les yeux de leur esprit pour voir le compte tres-estroict qu'ils en rendront un iour deuant Dieu.

De leur mariage et concubinage.

Chapitre XI.

Novs lisons, que Cesar loüait grandement les Allemans, d'auoir eu en leur ancienne vie sauuage telle continence, qu'ils reputoient chose tres-vilaine à vn ieune homme, d'auoir la compagnie d'vne femme ou fille auant l'aage de vingt ans. Au contraire des garçons et ieunes hommes de || Canada, et particulierement du pays 160
de nos Hurons, lesquels ont licence de s'adonner au mal si tost qu'ils peuuent, et les ieunes filles de se prostituer si tost qu'elles en sont capables, voir mesme les peres et meres sont souuent maquereaux de leurs propres filles : bien que ie puisse dire auec verité, n'y auoir iamais veu donner un seul baiser, ou faire aucun geste ou regard impudique : et pour cette raison i'ose affirmer qu'ils sont moins suiets à ce vice que par deçà, dont on peut attribuer la cause, partie à leur nudité, et principalement de la teste, partie au defaut des espiceries, du vin, et partie à l'vsage ordinaire qu'ils ont du petun, la fumée duquel estourdit les sens, et monte au cerueau.

Plusieurs ieunes hommes au lieu de se marier, tiennent et ont souuent des filles à pot et à feu, qu'ils appellent non femmés *Aténonha*, par ce que la ceremonie du mariage n'en a point esté faicte; ains *Asqua*, c'est à dire compagne, ou plustost concubine, et viuent ensemble pour autant longtemps qu'il leur plaist, sans que cela empesche le ieune homme ou la fille, d'aller uoir par-fois leurs autres amis ou amies
161 || librement, et sans crainte de reproche ny blasme, telle estant la coustume du pays.

Mais leur premiere ceremonie du mariage est; Que quand vn ieune homme veut auoir vne fille en mariage, il faut qu'il la demande à ses pere et mere, sans le consentement desquels la fille n'est point à luy (bien que le plus souuent la fille ne prend point leur consentement et aduis, sinon les plus sages et mieux aduisées). Cet amoureux voulant faire l'amour à sa maistresse, et acquerir ses bonnes graces, se peinturera le visage, et s'accommodera des plus beaux Matachias qu'il pourra auoir, pour sembler plus beau, puis presentera à la fille quelque collier, brasselet ou oreillette de Pourcelaine : si la fille a ce seruiteur agreable, elle reçoit ce present, cela faict, cet amoureux viendra coucher auec elle trois ou quatre nuicts, et iusques là il n'y a encore point de mariage parfait, ny de promesse donnée, pource qu'apres ce dormir il arriue assez souuent que l'amitié ne continuë point, et que la fille, qui pour obeyr à son pere, a souffert ce passe-droit, n'affectionne pas pour cela ce seruiteur, et faut par apres qu'il se retire sans passer ou-
162 || tre, comme il arriua de nostre temps à vn Sauuage, enuers la seconde fille du grand Capitaine de Quieu-

nonascaran, comme le pere de la fille mesme s'en plaignoit à nous, voyant l'obstination de sa fille à ne vouloir passer outre à la derniere ceremonie du mariage, pour n'auoir ce seruiteur agreable.

Les parties estans d'accord, et le consentement des pere et mere estant donné, on procede à la seconde ceremonie du mariage en cette maniere. On dresse vn festin de chien, d'ours, d'eslan, de poisson ou d'autres viandes qui leur sont accommodées, auquel tous les parens et amis des accordez sont inuitez. Tout le monde estant assemblé, et chacun en son rang assis sur son seant, tout à l'entour de la Cabane ; Le pere de la fille, ou le maistre de la ceremonie, à ce deputé, dict et prononce hautement et intelligiblement deuant toute l'assemblee, comme tels et tels se marient ensemble, et qu'à cette occasion a esté faicte cette assemblée et ce festin d'ours, de chien, de poisson, etc., pour la resiouyssance d'vn chacun, et la perfection d'vn si digne ouurage. Le tout estant approuué, et
la chaudiere nette, chacun se || retire, puis toutes les 163
femmes et filles portent à la nouuelle mariée, chacune vn fardeau de bois pour sa prouision, si elle est en saison qu'elle ne le peust faire commodement elle-mesme.

Or, il faut remarquer qu'ils gardent trois degrez de consanguinité, dans lesquels il n'ont point accoustumé de faire mariage : sçauoir est, du fils auec sa mere, du pere auec sa fille, du frere auec sa sœur, et du cousin auec sa cousine; comme ie recogneus appertement vn iour, que ie monstray vne fille à vn Sauuage, et luy demanday si c'estoit là sa femme ou sa concubine, il me respondit que non, et qu'elle estoit sa cousine, et qu'ils n'auoient pas accoustumé de dormir auec leurs cousines; hors cela toutes choses sont permises. De doüaire il ne s'en parle point, aussi quand il arriue quelque diuorce, le mary n'est tenu de rien.

Pour la vertu et les richesses principales que les pere et mere desirent de celui qui recherche leur fille en mariage, est, non seulement qu'il ait vn bel entre gent, et soit bien matachié et enjoliué; mais il faut outre cela, qu'il se monstre vaillant à la chasse, à la
54 guerre et à la pesche, et qu'il || sçache faire quelque chose, comme l'exemple suyuant le monstre.

Vn Sauuage faisoit l'amour à vne fille, laquelle ne pouuant auoir du gré et consentement du pere, il la rauit, et la prit pour femme. Là dessus grande querelle, et enfin la fille luy est enleuée, et retourne auec son pere : et la raison pourquoy le pere ne vouloit que ce Sauuage eust sa fille, estoit, qu'il ne la vouloit point bailler à vn homme qui n'eust quelque industrie pour la nourrir, et les enfans qui prouiendroient de ce mariage. Que quant à luy il ne voyoit point qu'il sceust rien faire, qu'il s'amusoit à la cuisine des François, et ne s'exerçoit point à chasser : le garçon pour donner preuue de ce qu'il sçauoit par effect, ne pouuant autrement r'auoir la fille, va à la chasse (du poisson) et en prend quantité, et apres cette vaillantise, la fille luy est renduë, et la reconduit en sa Cabane, et firent bon mesnage par ensemble, comme ils auoient faict par le passé.

Que si par succession de temps il leur prend enuie de se separer pour quelque suiet que ce soit, ou qu'ils n'ayent point d'enfans, ils se quittent librement, le

mary || se contentant de dire à ses parens et à elle, 165
qu'elle ne vaut rien, et qu'elle se pouruoye ailleurs,
et dés lors elle vit en commun auec les autres, iusqu'à ce que quelqu'autre la recherche; et non seulement les hommes procurent ce diuorce, quand les
femmes leur en ont donné quelque suiet; mais aussi
les femmes quittent facilement leurs marys, quand
ils ne leur agreent point : d'où il arriue souuent que
telle passe ainsi sa ieunesse, qui aura eu plus de
douze ou quinze marys, tous lesquels ne sont pas
neantmoins seuls en la iouyssance de la femme, quelques mariez qu'ils soient : car la nuict venuë les ieunes
femmes et filles courent d'vne Cabane à autre, comme
font, en cas pareil, les ieunes hommes de leur costé,
qui en prennent par où bon leur semble, sans aucune
violence toutefois, remettant le tout à la volonté de
la femme. Le mary fera le semblable à sa voysine, et
la femme à son voysin, aucune jalousie ne se mesle
entr'eux pour cela, et n'en reçoiuent aucune honte,
infamie ou des-honneur.

Mais lorsqu'ils ont des enfans procreez de leur mariage, ils se separent et quittent rarement, et que ce
ne soit pour vn grand || suiet, et lors que cela arriue, 166
ils ne laissent pas de se remarier à d'autres, nonobstant leurs enfans, desquels ils font accord à qui les
aura, et demeurent d'ordinaire au pere, comme i'ay
veu à quelques-vns, excepté à vne ieune femme, à laquelle le mary laissa vn petit fils au maillot, et ne
sçay s'il ne l'eust point encore retiré à soy, apres estre
sevré, si leur mariage ne se fust r'accommodé, duquel nous fusmes les intercesseurs pour les remettre
ensemble et apaiser leur debat, et firent à la fin ce

que nous leur conseillasmes, qui estoit de se pardonner l'vn l'autre, et de continuer à faire bon mesnage à l'aduenir, ce qu'ils firent.

Vne des grandes et plus fascheuses importunitez qu'ils nous donnoient au commencement de nostre arriuée en leur pays, estoit leur continuelle poursuite et prieres de nous marier, ou du moins de nous allier auec eux, et ne pouuoient comprendre nostre maniere de vie Religieuse : à la fin ils trouuerent nos raisons bonnes, et ne nous en importunerent plus, approuuans que ne fissions rien contre la volonté de nostre bon Pere IESVS; et en ces poursuites les
167 femmes et filles estoient, || sans comparaison, pires et plus importunes que les hommes mesmes, qui venoient nous prier pour elles.

De la naissance, nourriture et amour que les Sauuages ont enuers leurs enfans.

CHAPITRE XII.

NONOBSTANT que les femmes se donnent carriere auec d'autres qu'auec leurs marys, et les marys auec d'autres qu'auec leurs femmes, si est-ce qu'ils ayment tous grandement leurs enfans, gardans cette Loy que la Nature a entée és cœurs de tous les animaux, d'en auoir le soin. Or ce qui faict qu'ils ayment leurs enfans plus qu'on ne faict par deçà (quoy que vitieux et sans

respect) c'est qu'ils sont le support des peres en leur vieillesse, soit pour les ayder à viure, ou bien pour les deffendre de leurs ennemis, et la Nature conserue
en eux son droict || tout entier pour ce regard : à 168
quoy ce qu'ils souhaitent le plus, c'est d'auoir nombre d'enfans, pour estre tant plus forts, et asseurez de support au temps de la vieillesse, et neantmoins les femmes n'y sont pas si fecondes que par-deçà : peut-estre tant à cause de leur lubricité que du choix de tant d'hommes.

La femme estant accouchée, suyuant la coustume du pays, elle perce les oreilles de son enfant auec vne aleine, ou vn os de poisson, puis y met vn tuyau de plume, ou autre chose, pour entretenir le trou, et y pendre par apres des patinotres de Pourceleine, ou autre bagatelle, et pareillement à son col, quelque petit qu'il soit. Il y en a aussi qui leur font encore aualler de la graisse ou de l'huile, si tost qu'ils sont sortis du ventre de leur mère; ie ne sçay à quel dessein ny pourquoy, sinon que le Diable (singe des œuures de Dieu) leur ait voulu donner cette inuention, pour contre-faire en quelque chose le sainct Baptesme, ou quelqu'autre Sacrement de l'Eglise.

Pour l'imposition des noms, ils les donnent par
tradition, c'est à dire, qu'ils ont || des noms en grande 169
quantité, lesquels ils choisissent et imposent à leurs enfans : aucuns noms sont sans significations, et les autres auec signification, comme *Yocoisse*, le vent, *Ongyata*, signifie la gorge, *Tochingo*, gruë, *Sondaqua*, aigle, *Scouta*, la teste, *Tonra*, le ventre, *Taïhy*, vn arbre, etc. I'en ay veu vn qui s'appeloit Ioseph; mais ie n'ay pû sçauoir qui luy auoit imposé ce nom-là, et

peut-estre que parmy vn si grand nombre de noms qu'ils ont, il s'y en peut trouuer quelques-vns approchans des nostres.

Les anciennes femmes d'Allemaigne sont loüées par Tacite, d'autant que chacune nourrissoit ses enfans de ses propres mamelles, et n'eussent voulu qu'vne autre qu'elles les eust allaictez. Nos Sauuagesses, auec leurs propres mamelles, allaictent et nourrissent aussi les leurs, et n'ayant point l'vsage ny la commodité de la boüillie, elles leur baillent encore des mesmes viandes desquelles elles vsent, apres les auoir bien maschées, et ainsi peu à peu les esleuent. Que si la mere vient à mourir auant que l'enfant soit sevré, le pere prend de l'eau, dans laquelle aura tres-bien boüilly du bled d'Inde, et en
170 emplit sa || bouche, et ioignant celle de l'enfant contre la sienne, luy faict receuoir et aualer cette eauë, et c'est pour suppleer au deffaut de la mamelle et de la boüillie, ainsi que i'ay vue pratiquer au mary de nostre Sauuagesse baptizée. De la mesme inuention se seruent aussi les Sauuagesses, pour nourrir les petits chiens, que les chiennes leur donnent, ce que ie trouuois fort maussade et vilain, de ioindre ainsi à leur bouche le museau des petits chiens, qui ne sont pas souuent trop nets.

Durant le iour ils emmaillottent leurs enfans sur vne petite planchette de bois, où il y a à quelques-vnes vn arrest ou petit aiz plié en demy rond au dessous des pieds, et la dressent debout contre le plancher de la Cabane, s'ils ne les portent promener auec cette planchette derrière leur dos, attachée auec vn collier qui leur prend sur leur front, ou que hors du maillot

ils ne les portent enfermez dans leur robe ceinte deuant eux, ou derriere le dos presque tous droits, la
teste de l'enfant dehors, qui regarde d'vn costé et
d'autre par dessus les espaules de celle qui le porte.

L'enfant estant emmaillotté sur cette || planchette, 171
ordinairement enjoliuée de petits Matachias et Cha-
pelets de Pourceleine, ils luy laissent vne ouuerture
deuant la nature, par où il faict son eau, et si c'est
vne fille, ils y adioustent vne feuille de bled d'Inde
renuersée, qui sert à porter l'eau dehors, sans que
l'enfant soit gasté de ses eauës, et au lieu de lange
(car ils n'en ont point) ils mettent sous-eux du duuet
fort doux de certains roseaux, sur lesquels ils sont
couchez fort mollement, et les nettoyent du mesme
duuet; et la nuict ils les couchent souuent tous nuds
entre le pere et la mere, sans qu'il en arriue, que
tres-rarement, d'accident. I'ay veu en d'autres Nations, que pour bercer et faire dormir l'enfant, ils le
mettent tout emmaillotté dans vne peau, qui est suspenduë en l'air par les quatre coins, aux bois et perches de la Cabane, à la façon que sont les licts de re-
seau des Matelots sous le Tillac des nauires, et voulans bercer l'enfant ils n'ont que fois à autre à donner
vn bransle à cette peau ainsi suspenduë.

Les Cimbres mettoient leurs enfans nouueaux
naiz parmy les neiges, pour les endurcir au mal, et
nos Sauuages n'en || font pas moins; car ils les 172
laissent non seulement nuds parmy les Cabanes; mais
mesmes grandelets ils se veautrent, courent et se
ioüent dans les neiges, et parmy les plus grandes
ardeurs de l'esté, sans en receuoir aucune incommodité, comme i'ay veu en plusieurs, admirant que ces

petits corps tendrelets puissent supporter (sans en estre malades) tant de froid et tant de chaud, selon le temps et la saison. Et de là vient qu'ils s'endurcissent tellement au mal et à la peine, qu'estans deuenus grands, vieils et chenus, ils restent tousiours forts et robustes, et ne ressentent presque aucune incommodité ny indisposition, et mesmes les femmes enceintes sont tellement fortes, qu'elles s'accouchent d'elles-mesmes, et n'en gardent point la chambre pour la pluspart. I'en ay veu arriuer de la forest, chargées d'vn gros faisseau de bois, qui accouchoient aussitost qu'elles estoient arriuées, puis au mesme instant sus pieds, à leur ordinaire exercice.

Et pour ce que les enfans d'vn tel mariage ne se peuuent asseurer legitimes, ils ont cette coustume entr'eux, aussi bien qu'en plusieurs autres endroicts
173 des Indes || Occidentales, que les enfans ne succedent pas aux biens de leur pere ; ains ils font successeurs et heritiers les enfans de leurs propres sœurs, et desquels ils sont asseurez estre de leur sang et parentage, et neantmoins encore les ayment-ils grandement, nonobstant le doute qu'ils soient à eux, et que ce soient de tres-mauuais enfans pour la pluspart, et qu'ils leur portent fort peu de respect, et gueres plus d'obeyssance : car le mal-heur est en ces pays là, qu'il n'y a point de respect des ieunes aux vieils, ny d'obeissance des enfans enuers les peres et meres, aussi n'y a-il point de chastiment pour faute aucune ; c'est pourquoy tout le monde y vit en liberté, et chacun faict comme il l'entend, et les peres et meres, faute de chastier leurs enfans, sont souvent contraincts souffrir d'estre iniuriez d'eux, et par-fois

battus et esuentez au nez. Chose trop indigne et qui ne sent rien moins que la beste brute; le mauuais exemple, et la mauuaise nourriture, sans chastiment et correction, est cause de tout ce desordre.

|| *De l'exercice des jeunes garçons et jeunes filles.* 174

Chapitre XIII.

L'EXERCICE ordinaire et journalier des jeunes garçons, n'est autre qu'à tirer de l'arc, à darder la flesche, qu'ils font bondir et glisser droict quelque peu par-dessus le paué : joüer auec des bastons courbez, qu'ils font couler par-dessus la neige, et crosser vne balle de bois leger, comme l'on faict en nos quartiers, apprendre à ietter la fourchette auec quoy ils harponnent le poisson, et s'addonnent à autres petits jeus et exercices, puis se trouuer à la Cabane aux heures des repas, ou bien quand ils ont faim. Que si vne mere prie son fils d'aller à l'eau, au bois, ou de faire quelqu'autre semblable seruice de mesnage, il lui respond que c'est vn ouurage de fille, et n'en faict rien : que si par-fois nous obtenions d'eux semblables seruices, c'estoit à condition qu'ils auroient tousiours entrée en nostre Cabane, ou pour quelque espingle, plu- || me, ou autre petite chose à se parer, 175 dequoy ils estoient fort-contens, et nous aussi, pour ces petits et menus seruices que nous en receuions.

Il y en auait pourtant de malicieux, qui se donnoient le plaisir de couper la corde où suspendoit nostre porte en l'air, à la mode du pays, pour la faire tomber quand on l'ouuriroit, et puis apres le nioyent absolument, ou prenoient la fuite, aussi n'auoüent-ils iamais leurs fautes et malices (pour estre grands menteurs) qu'en lieu où ils n'en craignent aucun blasme ou reproche : car bien qu'ils soient Sauuages et incorrigibles, si sont-ils fort superbes et cupides d'honneur et ne veulent pas estre estimez malicieux ou meschans, quoy qu'ils le soient.

Nous auions commencé à leur apprendre et enseigner les lettres, mais comme ils sont libertins, et ne demandent qu'à ioüer et se donner du bon temps, comme i'ay dict, ils oublioient en trois iours, ce que nous leur auions appris en quatre, faute de continuer, et nous venir retrouuer aux heures que nous leur auions ordonnées, et pour nous dire qu'ils
176 auoient esté empeschez à ioüer, ils en estoient quittes; aussi n'estoit-il pas encore à propos de les rudoyer ny reprendre autrement que doucement, et par vne maniere affable les admonester de bien apprendre une science qui leur deuoit tant profiter et apporter du contentement le temps à venir.

De mesme que les petits garçons ont leur exercice particulier, et apprennent à tirer de l'arc les vns auec les autres, si tost qu'ils commencent à marcher, on met aussi vn petit baston entre les mains des petites fillettes, en mesme temps qu'elles commencent de mettre vn pied deuant l'autre, pour les stiler et ap-

prendre de bonne heure à piler le bled, et estans grandelettes elles ioüent aussi à diuers petits ieus auec leurs compagnes, et parmy ces petits esbats on les dresse encore doucement à de petits et menus seruices du mesnage, et aussi quelquefois au mal qu'elles voyent deuant leurs yeux, qui faict qu'estans grandes elles ne valent rien, pour la pluspart, et sont pires (peu exceptées) que les garçons mesmes, se vantans souent du mal qui les deuroit faire rougir; et c'est à qui fera plus d'amoureux, et si la mere n'en
trouue pour soy, elle offre || librement sa fille, et sa 177
fille s'offre d'elle-mesme, et le mary offre aussi aucunes fois sa femme, si elle veut, pour quelque petit present et bagatelle, et y a des Maquereaux et meschans dans les bourgs et villages, qui ne s'addonnent à autre exercice qu'à presenter et conduire de ces bestes aux hommes qui en veulent. Ie louë nostre Seigneur de ce qu'elles prenoient d'assez bonne part nos reprimandes, et qu'à la fin elles commençoient à auoir de la retenuë, et quelque honte de leur dissolution, n'osans plus, que fort rarement, vser de leurs impertinentes paroles en nostre presence, et admiroient, en approuuant l'honnesteté que leur disions estre aux filles de France, ce qui nous donnoit esperance d'vn grand amendement, et changement de leur vie dans peu de temps : si les François qui estoient montez auec nous (pour la pluspart) ne leur eussent dit le contraire, pour pouuoir tousiours iouyr à cœur saoul, comme bestes brutes, de leurs charnelles voluptez, ausquelles ils se veautroient, iusques à auoir en plusieurs lieux des haras de garces, tellement que ceux qui nous deuaient seconder à l'ins-

78 truction et bon exemple de ce peuple, || estoient ceux-là mesme qui alloient destruisans et empeschans le bien que nous establissions au salut de ces peuples, et à l'aduancement de la gloire de Dieu. Il y en auoit neantmoins quelques-vns de bons, honnestes et bien viuans, desquels nous estions fort contens et bien edifiez; comme au contraire nous estions scandalisez de ces autres brutaux, athées et charnels, qui empeschoient la conuersion et amendement de ce pauure peuple.

L'vn de nos François ayant esté à la traicte en vne Nation du costé du Nord, tirant à la mine de Cuiure, enuiron cent lieuës de nous : il nous dit à son retour y auoir veu plusieurs filles, ausquelles on auoit couppé le bout du nés, selon la coustume de leur pays (bien opposite et contraire à celle de nos Hurons) pour auoir fait bresche à leur honneur, et nous asseura aussi qu'il auoit veu ces Sauuages faire quelque forme de priere, auant que prendre leur repas : ce qui donna au Pere Nicolas et à moy vne grande enuie d'y aller, si la necessité ne nous eust contraincts de retourner en la Prouince de Canada, et de là en France.

|| De la forme, couleur et stature des Sauuages, et comme ils ne 179
portent point de barbe.

CHAPITRE XIV.

TOVTES les Nations et les peuples Americains que nous auons veus en nostre voyage, sont tous de couleur bazanée (excepté les dents qu'ils ont merueilleusement blanches) non qu'ils naissent tels : car ils sont de mesme nature que nous ; mais c'est à cause de la nudité, de l'ardeur du soleil qui leur donne à nud sur le dos, et qu'ils s'engraissent et oignent assez souuent le corps d'huile ou de graisse, auec des peintures de diuerses couleurs qu'ils y appliquent et meslent, pour sembler plus beaux.

Ils sont tous generalement bien formez et proportionnez de leur corps, et sans difformité aucune, et peux dire auec verité, y auoir veu d'aussi beaux enfans || qu'il y en sçauroit auoir en France. Il n'y a 180
pas mesme de ces gros ventrus, pleins d'humeurs et de graisses, que nous auons par-deçà ; car ils ne sont ny trop gras, ny trop maigres, et c'est ce qui les maintient en santé, et exempts de beaucoup de maladies ausquelles nous sommes suiets : car au dire d'Aristote, il n'y a rien qui conserue mieux la santé de l'homme que la sobrieté, et entre tant de Nations et de monde que i'y ay rencontré, ie n'y ay iamais veu ny aperceu qu'vn borgne, qui estoit des Honqueronons, et vn bon vieillard Huron, qui pour estre

tombé du haut d'vne Cabane en bas, s'estoit faict boiteux.

Il ne s'y voit non plus aucun rousseau, ny blond de cheuueux, mais les ont tous noirs (excepté quelques-vns qui les ont chastaignez) qu'ils nourrissent et souffrent seulement à la teste, et non en aucune autre partie du corps, et en ostent mesme tous la cause productiue, ayans la barbe tellement en horreur, que pensans parfois nous faire iniure, nous appelloient *Sascoinronte*, qui est à dire barbu, tu es vn barbu : aussi croyent-ils qu'elle rend les personnes
181 plus laides, et amoindrit leur || esprit. Et, à ce propos, ie diray qu'vn iour vn Sauuage voyant vn François auec sa barbe, se retournant vers ses compagnons leur dict, comme par admiration et estonnement : O que voylà vn homme laid! est-il possible qu'aucune femme voulust regarder de bon œil vn tel homme, et luy-mesme estoit vn des plus laids Sauuages de son pays ; c'est pourquoy il auoit fort bonne grace de mespriser ce barbu!

Que si ces peuples ne portent point de barbe, il n'y a de quoy s'esmerueiller, puisque les anciens Romains mesmes, estimans que cela leur seruoit d'empeschement, n'en ont point porté iusques à l'Empereur Adrien, qui premier a commencé à porter barbe. Ce qu'ils reputoient tellement à honneur, qu'vn homme accusé de quelque crime n'auoit point ce priuilege de faire raser son poil, comme se peut recueillir par le tesmoignage d'Aulus Gellius, parlant de Scipion, fils de Paul, et par les anciennes Medailles des Romains et Gaulois, que nous voyons encore à present.

Nos François auoient donné à entendre aux Sau-
uagesses, que les femmes de || France auoient de la 182
barbe au menton, et leur auoient encore persuadé
tout plein d'autres choses, que par honnesteté ie
n'escris point icy, de sorte qu'elles estoient fort desi-
reuses d'en voir; mais nos Hurons ayans veu Mada-
moiselle Champlain en Canada, ils furent detrompez,
et recogneurent qu'en effet on leur en auoit donné à
garder. De ces particularitez on peut inferer que nos
Sauuages ne sont point velus, comme quelques-vns
pourroient penser. Cela appartient aux habitans des
Isles Gorgades, d'où le Capitaine Hanno Carthagi-
nois, rapporta deux peaux de femmes toutes veluës,
lesquelles il mit au Temple de Iuno par grande sin-
gularité, et me semble encor' auoir oüy dire à vne
personne digne de foy, d'en auoir veu vne à Paris
toute semblable, qu'on y auoit apportée par grande
rareté : et de là vient la croyance que plusieurs ont,
que tous les Sauuages sont velus, bien qu'il ne soit
pas ainsi, et que tres-rarement en trouue-t-on qui le
soient.

Il arriua au Truchement des Epicerinys, qu'apres
auoir passé deux ans parmy eux, et que pensans le
congratuler ils luy dirent : Et bien, maintenant que
tu com- || mences à bien parler nostre langue, si tu 183
n'auois point de barbe, tu aurois desia presque autant d'esprit qu'vne telle Nation, luy en nommant
vne qu'ils estimoient auoir beaucoup moins d'esprit
qu'eux, et les François auoir encor' moins d'esprit
que cette Nation-là, tellement que ces bonnes gens-
là nous estiment de fort petit esprit, en comparaison
d'eux : aussi à tout bout de champ, et pour la moin-

dre chose ils vous disent, *Téondion*, ou *Tescaondion*, c'est à dire, tu n'as point d'esprit; *Atache*, mal-basty. A nous autres Religieux ils nous en disoient autant au commencement; mais à la fin ils nous eurent en meilleure estime, et nous disoient au contraire: *Cachia otindion*, vous auez grandement d'esprit: *Hoüandate danstan téhondion*, et les Hurons n'en ont point; *Arondiuhanne*, ou *Ahondiuoy issa*, vous estes gens qui cognoissez les choses d'en-haut et surnaturelles, et n'auoient cette opinion ny croyance des autres François, en comparaison desquels ils estimoient leurs enfans plus sages et de meilleur esprit, tant ils ont bonne opinion d'eux-mesmes, et peu d'estime d'autruy.

---

84 || *Humeur des Sauuages, et comme ils ont recours aux Deuins, pour recouurer les choses desrobées.*

Chapitre XV.

Entre toutes ces Nations il n'y en a aucune qui ne differe en quelque chose, soit pour la façon de se gouuerner et entretenir, ou pour se vestir et accommoder de leurs parures, chacune Nation se croyant la plus sage et mieux aduisée de toutes (car la voye du fol est tousiours droicte deuant ses yeux dict le Sage). Et pour dire ce qu'il me semble de quelques-vns, et lesquels sont les plus heureux ou miserables, ie tiens

les Hurons, et autres peuples Sedentaires, comme la
Noblesse : les Nations Algoumequines pour les
Bourgeois, et les autres Sauuages de deçà comme
Montagnets et Canadiens, les villageois et pauures
du pays : et de faict, ils sont les plus pauures et ne-
cessiteux de tous, car encore || que tous les Sauuages 185
soient miserables, en tant qu'ils sont priuez de la
cognoissance de Dieu, si ne sont-ils pas tousiours
egalement miserables en la iouyssance des biens de
cette vie, et en l'entretien et embellissement de ce
corps miserable, pour lequel seul ils trauaillent et se
peinent, et nullement pour l'ame, ny pour le salut.

Tous les Sauuages en general, on l'esprit et l'entendement assez bon, et ne sont point si grossiers et si lourdauds que nous nous imaginons en France. Ils sont d'vne humeur assez ioyeuse et contente, toutesfois ils sont vn peu saturniens, ils parlent fort posément, comme se voulans bien faire entendre, et s'arrestent aussi-tost en songeans vn grande espace de temps, puis reprennent leur parole, et cette modestie est cause qu'ils appellent nos François femmes, lors que trop precipitez et boüillans en leurs actions, ils parlent tous à la fois, et s'interrompent l'vn l'autre. Ils craignent le des-honneur et le reproche, et sont excitez à bien faire par l'honneur; d'autant qu'entr'eux celuy est tousiours honoré, et s'acquiert du renom, qui a faict quelque bel exploict.

|| Pour la liberalité, nos Sauuages sont loüables en 186
l'exercice de cette vertu, selon leur pauureté : car
quand ils se visitent les vns les autres, ils se font des
presents mutuels : et pour monstrer leur galantise,
ils ne marchandent point volontiers, et se contentent

de ce qu'on leur baille honnestement et raisonnablement, mesprisans et blasmans les façons de faire de nos Marchands qui barguignent vne heure pour marchander vne peau de Castor : ils ont aussi la mansuetude et clemence en la victoire enuers les femmes et petits enfans de leurs ennemis, ausquels ils sauuent la vie, bien qu'ils demeurent leurs prisonniers pour seruir.

Ce n'est pas à dire pourtant qu'ils n'ayent de l'imperfection : car tout homme y est suiet, et à plus forte raison celuy qui est priué de la cognoissance d'vn Dieu et de la lumiere de la foy, comme sont nos Sauuages : car si on uient à parler de l'honnesteté et de la ciuilité, il n'y a de quoy les loüer, puis qu'ils n'en pratiquent aucun traict, que ce que la simple Nature leur dicte et enseigne. Ils n'vsent d'aucun compliment parmy-eux, et sont fort-mal propres et
187 mal nets en l'apprest de leurs || viandes. S'ils ont les mains sales il les essuyent à leurs cheuueux, ou aux poils de leurs chiens, et ne les lauent iamais, si elles ne sont extremement sales : et ce qui est encore plus impertinent, ils ne font aucune difficulté de pousser dehors les mauuais vents de l'estomach parmy les repas, et en presence de tous. Ils sont aussi grandement addonnez à la vengeance et au mensonge, ils promettent aussi assez, mais ils tiennent peu : car pour auoir quelque chose de vous, ils sçauent bien flatter et promettre, et desrobent encore mieux, si ce sont Hurons, ou autres peuples Sedentaires, enuers les estrangers, c'est pourquoy il s'en faut donner de garde, et ne s'y fier qu'à bonnes enseignes, si on n'y veut estre trompé.

Mais si vn Huron a esté luy-mesme desrobé, et
desire recouurer ce qu'il a perdu, il a recours à Loki
ou Magicien, pour par le moyen de son sort auoir
cognoissance de la chose perduë. On le faict donc venir à la Cabane, là où apres auoir ordonné des festins,
il faict et pratique ses magies, pour descouurir et
sçauoir qui a esté le voleur et larron, ce qu'il faict
indubitablement, à ce qu'ils disent, si celuy qui a
|| faict le larcin est alors present dans la mesme Ca- 188
bane, et non s'il est absent. C'est pourquoy le François qui auoit pris des Rassades au bourg de *Tonchain*,
s'enfuit en haste en nostre Cabane, quand il vit arriuer
Loki dans son logis, pour le suiet de son larcin, sans
que nous ayons sceu, que quelques iours apres, qu'il
s'estoit ainsi venu refugier chez-nous pour vn si
mauuais acte que celui-là.

Pour ce qui est des Canadiens et Montagnets, ils
ne sont point larrons (au moins ne l'auons-nous pas
encore apperceu en nostre endroict) et les filles y
sont pudiques et sages, tant en leurs paroles qu'en
leurs actions, bien qu'il s'y en pourroit peut-estre
trouuer entr'elles qui le seroient moins. Mais les Sauuages les plus honnestes et mieux appris que i'aye
recogneu en vne si grande estenduë de pays, sont, à
mon aduis, ceux de la Baye et contrée de Miskou,
parlant en general; car, en toute Nation, il y en a de
particuliers qui surpassent en bonté et honnesteté,
et les autres qui excedent en malice. I'y vis le Sauuage du bon Pere Sebastien Recollet, Aquitanois,
qui mourut de faim, auec plusieurs Sauua- || ges, 189
vers sainct Iean, et la Baye de Miscou, pendant vn
hyuer que nous demeurions aux Hurons, enuiron

quatre cens lieuës esloignez de luy : mais il ne sentoit nullement son Sauuage en ses mœurs et façons de faire ; ains son homme sage, graue, doux et bien appris, n'approuuant nullement la legereté et inconstance qu'il voyoit en plusieurs de nos hommes, lesquels il reprenoit doucement en son silence et en sa retenuë, aussi estoit-il vn des principaux Capitaines et chefs du pays.

Des cheueux et ornemens du corps.

Chapitre XVI.

Les Canadiens et Montagnets, tant hommes
que femmes, portent tous longue cheuelure, qui leur tombe et bat sur les espaules, et à costé de la face, sans estre noüez
ni attachez, et n'en couppent qu'vn bien peu du deuant, à cause que cela leur empescheroit de voir en
190 courant. Les fem- || mes et filles Algoumequines my-
partissent leur longue cheuelure en trois : les deux
parts leur pendent de costé et d'autre sur les oreilles
et à costé des iouës ; et l'autre partie est accommodée par derrière en tresse, en la forme d'vn marteau
pendant, couché sur le dos. Mais les Huronnes et
Petuneuses ne font qu'vne tresse de tous leurs cheueux, qui leur bat de mesme sur le dos, liez et accommodez auec des lanieres de peaux fort sales. Pour

les hommes, ils portent deux grandes moustaches sur les oreilles, et quelques-vns n'en portent qu'vne, qu'ils tressent et cordelent assez souuent auec des plumes et autres bagatelles, le reste des cheueux est couppé court, ou bien par compartimens, couronnes clericales, et en toute autre maniere qu'il leur plaist: i'ai veu de certains vieillards, qui auoient desia, par maniere de dire, vn pied dans la fosse, estre autant ou plus curieux de ses petites parures, et d'y accommoder du duuet de plumes, et autres ornemens, que les plus ieunes d'entr'eux. Pour les Cheueux releuez, ils portent et entretiennent leur cheueux sur le front, fort droicts et releuez, plus que ne sont ceux de nos
Dames || de par-deçà, couppez de mesure, allans tous- 191
iours en diminuant de dessus le front au derriere de la teste.

Generallement tous les Sauuages, et particulierement les femmes et filles, sont grandement curieuses d'huiler leurs cheueux, et les hommes de peindre leur face et le reste du corps, lorsqu'ils doiuent assister à quelque festin, ou à des assemblées publiques : que s'ils ont des Matachias et Pourceleines ils ne les oublient point, non plus que les Rassades, Patinotres et autres bagatelles que les François leur traitent. Leurs Pourceleines sont diuersement enfilées, les vnes en coliers, larges de trois ou quatre doigts, faicts comme une sangle de cheual qui en auroit ses fisseles toutes couuertes et enfilées, et ces coliers ont enuiron trois pieds et demy de tour, ou plus qu'elles mettent en quantité à leur col, selon leur moyen et richesse, puis d'autres enfilées comme nos Patinotres, attachées et penduës à leurs oreilles, et

des chaisnes de grains gros comme noix, de la mesme
Pourceleine qu'elles attachent sur les deux hanches,
et viennent par deuant arrangées de haut en bas, par
dessus les cuisses ou brayers qu'elles portent : et
192 || en ay veu d'autres qui en portoient encore des bras-
selets aux bras, et de grandes plaques par deuant
leur estomach, et d'autres par derriere, accommodez
en rond, et comme vne carde à carder la laine, attachez à leurs tresses de cheueux : quelqu'vnes d'entr'elles ont aussi des ceintures et autres parures,
faictes de poil de porc-espic, teincts en rouge cra-
moisy, et fort proprement tissuës, puis les plumes
et les peintures ne manquent point, et sont à la deuotion d'vn chacun.

Pour les ieunes hommes, ils sont aussi curieux
de s'accommoder et farder comme les filles : ils hui-
lent leurs cheueux, y appliquent des plumes, et d'autres se font de petites fraises de duuet de plumes à
l'entour du col : quelques-vns ont des fronteaux de
peaux de serpens qui leur pendent par derriere, de
la longueur de deux aulnes de France. Ils se pein-
dent le corps et la face de diuerses couleurs ; de noir,
vert, rouge, violet, et en plusieurs autres façons ;
d'autres ont le corps et la face grauée en comparti-
ments, auec des figures de serpens, lezards, escureux
et autres animaux, et principalement ceux de la Na-
193 tion du Petun, qui ont tous, pres- || que, les corps
ainsi figurez, ce qui les rend effroyables et hydeux à
ceux qui n'y sont pas accoustumez : cela est picqué
et faict de mesme, que sont faictes et grauuées dans
la superficie de la chair, les Croix qu'ont au bras ceux
qui reuiennent de Ierusalem, et c'est pour vn ia-

mais; mais on les accommode à diuerses reprises, pour ce que ces piqueures leur causent de grandes douleurs et en tombent souuent malades, jusques à en auoir la fievre, et perdre l'appetit, et pour tout cela ils ne desistent point, et font continuer iusqu'à ce que tout soit acheué, et comme ils le desirent, sans tesmoigner aucune impatience ou depit, dans l'excez de la douleur : et ce qui m'a plus faict admirer en cela, à esté de voir quelques femmes, mais peu, accommodées de la mesme façon. I'ai aussi veu des Sauuages d'vne autre Nation, qui auoient tous le milieu des narines percées, ausquelles pendoit vne assez grosse Patinotre bleuë, qui leur tombait sur la levre d'en haut.

Nos Sauuages croyaient au commencement que nous portions nos Chappelets à la ceinture pour parade, comme ils font leurs Pourceleines, mais sans
comparai- || son ils faisoient fort-peu d'estat de nos 194
Chappelets, disans qu'ils n'estoient que de bois, et que leur Pourceleine, qu'ils appellent *Onocoirota*, estoit de plus grande valeur.

Ces Pourceleines sont des os de ces grandes coquilles de mer, qu'on appelle Vignols, semblables à des limaçons, lesquels ils decoupent en mille pièces, puis les polissent sur un graiz, les percent, et en font des coliers et brasselets, auec grand' peine et trauail, pour la dureté de ces os, qui sont toute autre chose que nostre yuoire, lequel ils n'estiment pas aussi à beaucoup prés de leur Pourceleine, qui est plus belle et blanche. Les Brasiliens en vsent aussi à se parer et attiffer comme eux.

I'auois à mon Chappelet vne petite teste de mort

en buys, de la grosseur d'vne noix, assez bien faicte,
beaucoup d'entr'eux la croyaient auoir esté d'vn enfant viuans, non que ie leur persuadasse : mais leur
simplicité leur faisoit croire ainsi, comme aux femmes de me demander à emprunter mon capuce et
manteau en temps de pluye, ou pour aller à quelque
195 festin : mais elles me prioyent en vain, || comme il
est aysé à croire. Pour nos Socquets ou Sandales, les
Sauuages et Sauuagesses les ont presque tous voulu
esprouuer et chausser, tant ils les admiroient et trouuoient commodes, me disant apres, *Auiel*, *Saracogna*,
Gabriel, fais-moy des souliers; mais il n'y auoit point
d'apparence, et estoit hors de mon pouuoir de leur
satisfaire en cela, n'ayant le temps, l'industrie, ny les
outils propres : et de plus, si i'eusse vne fois commencé de leur en faire, ils ne m'eussent donné aucun relasche, ny temps de prier Dieu, et de croire
qu'ils se fussent donné la peine d'apprendre, ils sont
trop faineants et paresseux : car ils ne font rien du
tout, que par la force de la necessité, et voudroient
qu'on leur donnast les choses toutes faictes, sans auoir
la peine d'y aider seulement du bout du doigt; comme
nos Canadiens, qui ayment mieux se laisser mourir
de faim, que de se donner la peine de cultiuer la terre,
pour auoir du pain au temps de la necessité.

|| *De leurs conseils et guerres.* 196

CHAPITRE XVII.

PLINE, en vne Epistre qu'il escrit à Fabate, dict que Pyrrhe, Roy des Epirotes, demanda à vn Philosophe qu'il mesnoit auec luy, quelle estoit la meilleure Cité du monde. Le Philosophe respondit, la meilleure Cité du monde, c'est Maserde, vn lieu de deux cens feux en Achaye, pour ce que tous les murs sont de pierres noires, et tous ceux qui la gouuernent ont les testes blanches. Ce Philosophe n'a rien dit (en cela) de luy-mesme : car tous les anciens, apres le Sage Salomon, ont dit qu'aux vieillards se trouuoit la sagesse : et en effect, on voit souuent la ieunesse d'ans, estre accompagnée de celle de l'esprit.

Les Capitaines entre nos Sauuages, sont ordinairement plustost vieux que ieunes, et viennent par succession, ainsi que la Royauté par deçà, ce qui
s'entend, si le || fils d'vn Capitaine ensuit la vertu du 197
pere; car autrement ils font comme aux vieux siecles, lors que premierement ces peuples esleurent des Roys : mais ce Capitaine n'a point entr'eux authorité absoluë, bien qu'on luy ait quelque respect, et conduisent le peuple plustost par prieres, exhortations, et par exemple, que par commandement.

Le gouuernement qui est entr'eux est tel, que les anciens et principaux de la ville ou du bourg s'assemblent en vn conseil auec le Capitaine, où ils de-

cident et proposent tout ce qui est des affaires de leur Republique, non par vn commandement absolu, comme i'ay dict; ains par supplications et remonstrances, et par la pluralité des voix qu'ils colligent, auec de petits fetus de joncs. Il y auoit à *Quieunonascaran* le grand Capitaine et chef de la Prouince des Ours, qu'ils appelloient *Garihoüa andionxra*, pour le distinguer des ordinaires de guerre, qu'ils appellent *Garihoüa doutaguéta*. Iceluy grand Capitaine de Prouince auoit encore d'autres Capitaines sous luy, tant de guerre que de police, par tous les autres bourgs et villages de sa Iurisdiction, lesquels en chose de
198 || conséquence le mandoient et aduertissoient pour le bien du public, ou de la Prouince : et en nostre bourg, qui estoit le lieu de sa residence ordinaire, il y auoit encore trois autres Capitaines, qui assistoient tousiours aux conseils auec les anciens du lieu, outre son Assesseur et Lieutenant, qui en son absence, ou quand il n'y pouuoit vacquer, faisoit les cris et publications par la ville des choses necessaires et ordonnées. Et ce *Garihoüa andionxra* n'auoit pas si petite estime de luy-mesme, qu'il ne se voulust dire frere et cousin du Roy, et de mesme egalité, comme les deux doigts demonstratifs des mains qu'il nous monstroit ioints ensemble, en nous faisant cette ridicule et inepte comparaison.

Or quand ils veulent tenir conseil, c'est ordinairement dans la Cabane du Capitaine, chef et principal du lieu, sinon que pour quelque raison particuliere il soit trouué autrement expedient. Le cry et la publication du conseil ayant esté faicts, on dispose dans la Cabane, ou au lieu ordonné, vn grand feu, à

l'entour duquel s'assizent sur les nattes tous les
Conseillers, en suite du grand Capitaine qui tient le
premier rang, assis en tel endroict, que || de sa place 199
il peut voir tous ses Conseillers et assistans en face.
Les femmes, filles et ieunes hommes n'y assistent
point, si ce n'est en vn conseil general, où les ieunes
hommes de vingt-cinq à trente ans peuuent assister,
ce qu'ils cognoissent par vn cry particulier qui en
est faict. Que si c'est vn conseil secret, ou pour ma-
chiner quelque trahison ou surprise en guerre, ils le
tiennent seulement la nuict entre les principaux
Conseillers, et n'en descouurent rien que la chose
proiettée ne soit mise en effect, s'ils peuuent.

Estans donc tous assemblez, et la Cabane fermée, ils font tous vne longue pose auant que de parler, pour ne se precipiter point, tenans cependant tousiours leur Calumet en bouche, puis le Capitaine commence à haranguer en terme et parole hauts et intelligibles vn assez longtemps, sur la matiere qu'ils ont à traiter en ce conseil : ayant finy son discours, ceux qui ont à dire quelque chose, les vns apres les autres sans s'interrompre et en peu de mots, opinent et disent leurs raisons et aduis, qui sont par apres colligez auec des pailles ou petits ioncs, et là dessus est conclud ce qui est iugé expedient.

|| Plus, ils font des assemblées generales, sçauoir 200
des regions loingtaines, d'où il vient chacun an vn
Ambassadeur de chaque Prouince, au lieu destiné
pour l'assemblée, où il se faict de grands festins et
dances, et des presens mutuels qu'ils se font les vns
les autres, et parmy toutes ces caresses, ces resiouys-
sances et ces accolades ils contractent amitié de nou-

ueau, et aduisent entr'eux du moyen de leur conseruation, et par quelle maniere ils pourront perdre et ruyner tous leurs ennemis communs : tout estant faict, et les conclusions prises, ils prennent congé, et chacun se retire en son quartier auec tout son train et equipage, qui est à la Lacedemonienne, vn à vn, deux à deux, trois à trois, ou gueres d'auantage.

Quant aux guerres qu'ils entreprennent, ou pour aller dans le pays des ennemis, ce seront deux ou trois des anciens, ou vaillans Capitaines, qui entreprendront cette conduite pour cette fois, et vont de village en village faire entendre leur volonté, donnant des presens à ceux desdits villages, pour les induire et tirer d'eux de l'ayde et du secours en leurs guerres, et par ainsi sont comme Generaux d'armées.
201 || Il en vint vn en nostre bourg, qui estoit vn grand vieillard, fort dispos, qui incitoit et encourageoit les ieunes hommes et les Capitaines de s'armer, et d'entreprendre la guerre contre la Nation des *Attiuoïndarons ;* mais nous l'en blasmasmes fort, et dissuadasmes le peuple d'y entendre, pour le desastre et mal-heur ineuitable que cette guerre eust peu apporter en nos quartiers, et à l'aduancement de la gloire de Dieu.

Ces Capitaines ou Generaux d'armées ont le pouuoir, non seulement de designer les lieux, de donner quartier, et de ranger les bataillons; mais aussi de disposer des prisonniers en guerre, et de toute autre chose de plus grande consequence : il est vray qu'ils ne sont pas tousiours bien obeys de leurs soldats, en tant qu'eux-mesmes manquent souuent dans la bonne conduite, et celuy qui conduit mal, est sou-

uent mal suiuy. Car la fidele obeyssance des suiects
depend de la suffisance de bien commander, du bon
Prince, disoit Theopompus Roy de Sparte.

Pendant que nous estions là, le temps d'aller en
guerre arriuant, vn ieune homme de nostre bourg,
desireux d'honneur, || voulut luy seul, faire le festin 202
de guerre, et deffrayer tous ses compagnons au iour
de l'assemblée generale, ce qui luy fut de grand coust
et despence, aussi en fut-il grandement loüé et estimé : car le festin estoit de six grandes chaudieres,
auec quantité de grands poissons boucanez, sans les
farines et les huiles pour les graisser.

On les mit sur le feu auant iour, en l'vne des plus grandes Cabanes du lieu, puis le conseil estant acheué, et les resolutions de guerre prises, ils entrerent tous au festin, commencerent à festiner, et firent les mesmes exercices militaires, les vns après les autres, comme ils ont accoustumé, pendant le festin, et apres auoir vuidé les chaudieres, et les complimens et remerciemens rendus, ils partirent, et s'en allerent au rendez-vous sur la frontiere, pour entrer és terres ennemies, sur lesquelles ils prindrent enuiron soixante de leurs ennemis, la pluspart desquels furent tuez sur les lieux, et les autre amenez en vie, et faits mourir aux Hurons, puis mangez en festin.

Leurs guerres ne sont proprement que des sur-
prises et deceptions ; car tous les || ans au renouueau, 203
et pendant tout l'esté, cinq ou six cens ieunes hommes Hurons, ou plus, s'en vont s'espandre dans vne
contrée des Yroquois, se departent cinq ou six en vn
endroict, cinq ou six en vn autre et autant en vn

autre, et se couchent sur le ventre par les champs et forests, et à costé des grands chemins et sentiers, et la nuict venuë ils rodent par tout, et entrent iusques dans les bourgs et villages, pour tascher d'atraper quelqu'vn, soit homme, femme ou enfant, et s'ils en prennent en vie, les emmenent en leur pays pour les faire mourir à petit feu, sinon apres leur auoir donné vn coup de massuë, ou tué à coups de flesches, ils en emportent la teste; que s'ils en estoient trop chargez, ils se contentent d'en emporter la peau auec sa cheuelure, qu'ils appellent *Onontsira*, les passent et les serrent pour en faire des trophées, et mettre en temps de guerre sur les pallissades ou murailles de leur ville, attachées au bout d'vne longue perche.

Quand ils vont ainsi en guerre et en pays d'ennemis, pour leur viure ordinaire ils portent quant-et-eux, chacun derriere son dos, vn sac plein de farine
204 de bled || rosty et grillé dans les cendres, qu'ils mangent cruë, et sans estre trempée, ou bien destrempée auec vn peu d'eau chaude ou froide, et n'ont par ce moyen à faire de feu pour apprester leur manger, quoy qu'ils en fassent par-fois la nuict au fond des bois pour n'estre apperceus, et font durer cette farine iusqu'à leur retour, qui est enuiron de six semaines ou deux mois de temps : car apres ils viennent se rafraischir au pays, finissent la guerre pour ce coup, ou s'y en retournent encore auec d'autres prouisions. Que si les Chrestiens vsoient de telle sobrieté, ils pourroient entretenir de tres-puissantes armées auec peu de fraiz, et faire la guerre aux ennemis de l'Eglise, et du nom Chrestien, sans la foule du peuple, ny la ruyne du pays, et Dieu n'y seroit point

tant offencé, comme il est grandement, par la plus-part de nos soldats, qui semblent plustost (chez le bon homme) gens sans Dieu, que Chrestiens naiz pour le Ciel. Ces pauures Sauuages (à nostre confusion) se comportent ainsi modestement en guerre, sans incommoder personne, et s'entretiennent de leur propre et particulier moyen, sans autre gage ou
esperance de recompense, que || de l'honneur et 205
loüange qu'ils estiment plus que tout l'or du monde. Il seroit aussi bien à desirer que l'on semast de ce bled d'Inde par toutes les Prouinces de la France, pour l'entretien et nourriture des pauures qui y sont en abondance : car auec vn peu de ce bled ils se pourroient aussi facilement nourrir et entretenir que les Sauuages, qui sont de mesme nature que nous, et par ainsi ils ne souffriroient de disette, et ne seroient non plus contrains de courir mendians par les villes, bourgs et villages, comme ils font iournellement pource qu'outre que ce bled nourrist et rassasie grandement, il porte presque toute sa sauce quant-et-soy, sans qu'il y soit besoin de viande, poisson, beurre, sel ou espice, si on ne veut.

Pour leurs armes, ils ont la Massuë et l'Arc, auec la Flesche empennée de plumes d'Aigles, comme les meilleures de toutes, et à faute d'icelles ils en prennent d'autres. Ils y appliquent aussi fort proprement des pierres trenchantes collées au bois, auec vne colle de poisson tres-forte, et de ces Flesches ils en emplissent leur Carquois, qui est faict d'vne peau de
chien passée, qu'ils portent en escharpe. Ils por- || tent 206
aussi de certaines armures et cuirasses, qu'ils appelent *Aquientor*, sur leur dos, et contre les jambes, et

autres parties du corps, pour se pouuoir defendre des coups de Flesches : car elles sont faictes à l'espreuue de ces pierres aiguës; et non toutefois de nos fers de Kebec, quand la Flesche qui en est accommodée sort d'vn bras roide et puissant, comme est celuy d'vn Sauuage : ces cuirasses sont faictes auec des baguettes blanches, coupées de mesure, et serrées l'vne contre l'autre, tissuës et entrelassées de cordelettes, fort durement et proprement[1], puis la rondache ou pauois, et l'enseigne ou drappeau, qui est (pour le moins ceux que i'ay veus) vn morceau d'escorce rond, sur lequel les armoiries de leur ville ou prouince sont depeintes et attachées au bout d'une longue baguette, comme vne Cornette de caualerie. Nostre Chasuble à dire la saincte Messe, leur agreoit fort, et l'eussent bien desiré traiter de nous, pour le porter en guerre en guise d'enseigne, ou pour mettre au haut de leurs murailles, attachée à vne longue perche, afin d'espouuenter leurs ennemis, disoient-ils.

207 Les Sauuages de l'Isle l'eussent encore || bien voulu traiter au Cap de Massacre, ayans desia à cet effect, amassé sur le commun, enuiron quatre-vingts Castors : car ils le trouuoient non seulement tres-beau, pour estre d'vn excellent Damas incarnat, enrichy d'vn passement d'or (digne present de la Reyne), mais aussi pour la croyance qu'ils auoient qu'il leur causeroit du bon-heur et de la prosperité en toutes leurs entreprises et machines de guerre.

Comme l'on a de coustume sur mer, pour signe de guerre, ou de chastiment, mettre dehors en euidence le Pauillon rouge : Aussi nos Sauuages, non seulement és iours solennels et de resiouyssance, mais

principalement quand ils vont à la guerre, ils portent
pour la plus-part à l'entour de la teste de certains
pennaches en couronnes, et d'autres en moustaches,
faicts de longs poils d'Eslan, peints en rouge comme
escarlatte, et collez, ou autrement attachez à vne
bande de cuir large de trois doigts. Depuis que nos
François ont porté des lames d'espées en Canada, les
Montagnets et Canadiens s'en seruent, tant à la chasse
de l'Eslan, qu'aux guerres contre leurs ennemis,
qu'ils sça- || uent droictement et roidement darder, 208
emmanchées en de longs bois, comme demyes-
picques.

Quand la guerre est declarée en vn pays on destruit
tous les bourgs, hameaux, villes et villages frontieres,
incapables d'arrester l'ennemy, sinon on les fortifie,
et chacun se range dans les villes et lieux fortifiez de
sa Iurisdiction, où ils bastissent de nouuelles Cabanes pour leur demeure, à ce aydés par les habitans
du lieu. Les Capitaines assistés de leurs Conseillers,
trauaillent continuellement à ce qui est de leur conseruation, regardent s'il y a rien à adiouster à leurs
fortifications pour s'y employer, font balayer et net-
toyer les suyes et araignées de toutes les Cabanes, depeur du feu que l'ennemy y pourroit ietter par certains artifices qu'ils ont appris de ie ne sçay quelle
autre Nation que l'on m'a autresfois nommée. Ils
font porter sur les guerites des pierres et de l'eau pour
s'en seruir dans l'occasion. Plusieurs font des trous,
dans lesquels ils enferment cequ'ils ont de meilleur,
et peur de surprise les Capitaines enuoyent des soldats pour descouurir l'ennemy, pendant qu'ils encou-
ragent les autres de faire des armes, || de se tenir 209

prests, et d'enfler leur courage, pour vaillamment et genereusement combattre, resister et se deffendre, si l'ennemy vient à paroistre. Le mesme ordre s'obserue en toutes les autres villes et bourgs, iusqu'à ce qu'ils voyent l'ennemy s'estre attaché à quelques-vns, et alors la nuict à petit bruit vne quantité de soldats de toutes les villes voysines, s'il n'y a necessité d'vne plus grande armée, vont au secours, et s'enferment au dedans de celle qui est assiegée, la deffendent, font des sorties, dressent des embusches, s'attachent aux escarmouches, et combattent de toute leur puissance, pour le salut de la patrie, surmonter l'ennemy, et le deffaire du tout s'ils peuuent.

Pendant que nous estions à Quieunonascaran, nous vismes faire toutes les diligences susdites, tant en la fortification des places, apprests des armes, assemblées des gens de guerre, prouision de viures, qu'en toute autre chose necessaire pour soustenir vne grande guerre qui leur alloit tomber sur les bras de la part des Neutres, si le bon Dieu n'eust diuerty cet orage, et empesché ce mal-heur qui alloit mena-
210 çant nostre bourg d'vn premier || choc, et pour n'y estre pas pris des premiers, toutes les nuicts nous barricadions nostre porte auec des grosses busches de bois de trauers, arrestées les vnes sur les autres, par le moyen de deux paux fichez en terre.

Or pour ce qu'vne telle guerre pouuoit grandement nuyre et empescher la conuersion et le salut de ce pauure peuple, et que les Neutres sont plus forts et en plus grand nombre que nos Hurons, qui ne peuuent faire qu'enuiron deux mille hommes de guerre, ou quelque peu d'auantage, et les autres cinq

à six mille combattans, nous fismes nostre possible,
et contribuasmes tout ce qui estoit de nostre pouuoir
pour les mettre d'accord, et empescher que nos gens,
desia tous prests de se mettre en campagne, n'entre-
prissent (trop legerement) vne guerre à l'encontre
d'une nation plus puissante que la leur. A la fin, assistés de la grace de nostre Seigneur, nous gaignasmes quelque chose sur leur esprit : car approuuans
nos raisons ils nous dirent qu'ils se tiendroient en
paix, et que ce en quoy ils auoient auparauant fondé
l'esperance de leur salut, estoit en nostre grand es-
prit, et au secours que || quelques François (mal ad- 211
uisez) leur auoient promis : Outre vne tres-bonne inuention qu'ils auoient conceuë en leur esprit, par le
moyen de laquelle ils esperoient tirer un grand secours
de la Nation de Feu, ennemis iurez des Neutres. L'inuention estoit telle; qu'au plustost ils s'efforceroient
de prendre quelqu'vn de leurs ennemis, et que du
sang de cet ennemy, ils en barboüilleroient la face et
tout le corps de trois ou quatre d'entr'eux, lesquels
ainsi ensanglantez seroient par apres enuoyez en Am-
bassade à cette Nation de Feu, pour obtenir d'eux
quelque secours et assistance à l'encontre de si puissans ennemis, et que pour plus facilement les esmouuoir à leur donner ce secours, ils leur montreroient
leur face, et tout leur corps desia teinct et ensanglanté
du sang propre de leurs ennemis communs.

Puis que nous auons parlé de la Nation Neutre, contre lesquels nos Hurons ont pensé entrer en guerre, ie vous diray aussi vn petit mot de leur pays. Il est à quatre ou cinq journées de nos Hurons tirant au Sud, au delà de la Nation des *Quieunontateronons*. Cette Pro-

uince contient prez de cent lieuës d'estenduë, où il se
112 fait grande || quantité de très-bon petun, qu'ils traitent
à leurs voysins. Ils assistent les Cheueux Releuez
contre la Nation de Feu, desquels ils sont ennemis
mortels : mais entre les Yroquois et les nostres, auant
cette esmeute, ils auoient paix, et demeuroient neutres
entre les deux, et chacune des deux Nations y estoit
la bien-venuë, et n'osoient s'entre-dire ny faire aucun
desplaisir, et mesmes y mangoient souuent ensemble,
comme s'ils eussent esté amis; mais hors du pays
s'ils se rencontroient, il n'y auoit plus d'amitié,
et s'entre-faisoient cruellement la guerre, et la continuent à toute outrance : l'on n'a sceu encor trouuer moyen de les reconcilier et mettre en paix, leur
inimitié estant de trop longue main enracinée, et fo-
mentée entre les ieunes hommes de l'vne et l'autre
Nation, qui ne demandent autre exercice que celuy
des armes et de le guerre.

Quand nos Hurons ont pris en guerre quelqu'vn
de leurs ennemis, ils luy font une harangue des
cruautez que luy et les siens exercent à leur endroict,
et qu'au semblable il deuoit se resoudre d'en endu-
113 rer autant, et luy commandent (s'il a du || courage
assez) de chanter tout le long du chemin, ce qu'il faict;
mais souvent avec un chant fort triste et lugubre, et
ainsi l'emmenent en leur pays pour le faire mourir,
et en attendant l'heure de sa mort, ils luy font continuellement festin de ce qu'ils peuuent pour l'engrais-
ser, et le rendre plus fort et robuste à supporter de
plus griefs et longs tourmens, et non par charité et
compassion, excepté aux femmes, filles et enfans, lesquels ils font rarement mourir; ains les conseruent et

retiennent pour eux, ou pour en faire des presens à
d'autres, qui en auroient auparavant perdu des leurs
en guerre, et font estat de ces subrogez, autant que
s'ils estoient de leurs propres enfans, lesquels estans
paruenus en aage, vont aussi courageusement en guerre contre leurs propres parens, et ceux de leur Nation,
que s'ils estoient naiz ennemis de leur propre patrie,
ce qui tesmoigne le peu d'amour des enfans enuers
leurs parens, et qu'ils ne font estat que des bien-faicts
presens, et non des passez, qui est vn signe de mauuais naturel : et de cecy i'en ay veu l'experience en
plusieurs. Que s'ils ne peuuent emmener les femmes
et enfans qu'ils || prennent sur les ennemis, ils les as- 214
somment, et font mourir sur les lieux mesmes, et en
emportent les testes ou la peau, auec la cheuelure, et
encore s'est-il veu (mais peu souuent) qu'ayans ame-
né de ces femmes et filles dans leur pays, ils en ont
faict mourir quelques-vnes par les tourments, sans
que les larmes de ce pauvre sexe, qu'il a pour toute deffence, les ayent pû esmouuoir à compassion : car elles
seules pleurent, et non les hommes, pour aucun tour-
ment qu'on leur fasse endurer, depeur d'estre estimez
effeminez, et de peu de courage, bien qu'ils soient
souvent contraincts de ietter de hauts cris, que la force
des tourments arrache du profond de leur estomach.

Il est quelques-fois arrivé qu'aucuns de leurs ennemis estans poursuyuis de prés, se sont neantmoins es-
chappez : car pour amuser celuy qui les poursuit, et
se donner du temps pour fuyr et le deuancer, ils iettent
leurs colliers de Pourceleines bien loin arriere d'eux, a-
fin que si l'avarice commande à ses poursuyvans de
les aller ramasser, ils peussent tousiours gaigner le de-

uant, et se mettre en sauueté, ce qui a reussi à plu-
215 sieurs : ie me persuade et crois || que c'est en partie pourquoy ils portent ordinairement tous leurs plus beaux colliers et matachias en guerre.

Lorsqu'ils ioignent vn ennemy, et qu'ils n'ont qu'à mettre la main dessus, comme nous disons entre-nous : Rends-toy, eux disent *Sakien*, c'est-à-dire, as-sied-toy, ce qu'il faict, s'il n'ayme mieux se faire assommer sur la place, ou se deffendre iusqu'à la mort, ce qu'ils ne font pas souuent en ces extremitez, sous esperance de se sauuer, et d'eschapper avec le temps par quelque ruze. Or comme il y a de l'ambition à qui aura des prisonniers, cette mesme ambition ou l'enuie est aussi cause quelques-fois que ces prisonniers se mettent en liberté et se sauuent, comme l'exemple suyuant le monstre.

Deux ou trois Hurons se voulans attribuer chacun un prisonnier Yroquois, et ne se pouuans accorder, ils en firent iuge leur propre prisonnier, lequel bien aduisé se seruit de l'occasion et dit : Vn tel m'a pris, et suis son prisonnier, ce qu'il disoit contre la verité et exprez, pour donner un iuste mescontentement à celuy de qui il estoit vray prisonnier : et de faict in-
216 digné qu'vn autre auroit iniustement l'honneur || qui luy estoit deu, parla en secret la nuict suyuante au prisonnier, et luy dit : Tu t'es donné et adiugé à vn autre qu'à moy, qui t'auois pris, c'est pourquoy i'ayme mieux te donner liberté, qu'il aye l'honneur qui m'est deu, et ainsi le deslians le fit euader et fuyr secrettement.

Arriuez que sont les prisonniers en leur ville ou village, ils leur font endurer plusieurs et diuers tour-

mens, aux vns plus, et aux autres moins, selon qu'il leur plaist : et tous ces genres de tourments et de morts sont si cruels, qu'il ne se trouue rien de plus inhumain : car premierement ils leur arrachent les ongles, et leur coupent les trois principaux doigts, qui servent à tirer de l'arc, et puis leur leuent ttute la peau de la teste avec la cheuelure, et apres y mettent du feu et des cendres chaudes, ou y font degoutter d'une certaine gomme fondue, ou bien se contentent de les faire marcher tous nuds de corps et des pieds, au trauers d'vn grand nombre de feux faicts exprez, d'vn bout à l'autre d'vne grande Cabane, où tout le monde qui y est bordé des deux costez, tenans en main chacun vn tison allumé, luy en donnent des-
sus le corps en passant, || puis apres auec des fers 217
chauds luy donnent encore de jartieres à l'entour des jambes, et auec des haches rouges ils luy frottent les cuisses du haut-en-bas, et ainsi peu à peu bruslent ce pauure miserable : et pour luy augmenter ses tres-cuisantes douleurs, luy iettent par-fois de l'eau sur le dos, et luy mettent du feu sur les extremitez des doigts, et de sa partie naturelle, puis leur percent les bras prés des poignets, et auec des bastons en tirent les nerfs, et les arrachent à force, et ne les pouuans auoir les couppent, ce qu'ils endurent auec vne constance incroyable, chantans cependant auec vn chant neantmoins fort triste et lugubre, comme i'ay dict, mille menaces contre ces Bourreaux et contre toute cette Nation, et estant prest de rendre l'ame, ils le menent hors de la Cabane finir sa vie, sur un eschauffaut dressé exprez, là où on lui couppe la teste, puis on luy ouure le ventre, et là tous les enfans se trouuent pour

auoir quelque petit bout de boyau qu'ils pendent au
bout d'vne baguette, et le portent ainsi en triomphe
par toute la ville ou village en signe de victoire. Le
218 corps ainsi esuentré et accommodé, on le faict || cuire
dans une grande chaudière, puis on le mange en festin, auec liesse et resiouyssance, comme i'ay dict cy-
deuant.

Quand les Yroquois, ou autres ennemis, peuuent
attrapper de nos gens, ils leur en font de mesme, et
c'est à qui fera du pis à son ennemy : et tel va pour
prendre, qui est souuent pris luy-mesme. Les Yroquois ne viennent pas pour l'ordinaire guerroyer nos
Hurons, que les fueilles ne couurent les arbres, pour
pouuoir plus facilement se cacher, et n'estre descouuerts quand ils veulent prendre quelqu'vn au despour-
ueu : ce qu'ils font aysement, en tant qu'il y a quantité de bois dans le pays, et proche la pluspart des villages : que s'ils nous eussent pris nous autres Religieux, les mesmes tourments nous eussent esté appli-
quez sinon que de plus ils nous eussent arraché la
barbe la premiere, comme ils firent à Bruslé, le Truchement qu'ils pensoient faire mourir, et lequel fut
miraculeusement deliuré par la vertu de l'*Agnus Dei*,
qu'il portoit pendu à son col : car comme ils luy pensoient arracher, le tonnerre commença à donner auec
tant de furies, d'esclairs et de bruits, qu'ils en creu-
219 rent estre à leur derniere iournée, et || tous espouuen-
tez le laisserent aller, craignans eux-mesmes de perir,
pour auoir voulu faire mourir ce Chrestien, et luy
oster son Reliquaire.

Il arriue aussi que ces prisonniers s'eschappent aucunes-fois, specialement la nuict, au temps qu'on les

faict promener par-dessus les feux ; car en courans sur ces cuisans et tres-rigoureux brasiers, de leurs pieds ils escartent et iettent les tisons, cendres et charbons par la Cabane, qui rendent apres une telle obscurité de poudre et de fumée, qu'on ne s'entre-cognoist point : de sorte que tous sont contraincts de gaigner la porte, et de sortir dehors, et luy aussi parmy la foule, et de là il prend l'essor, et s'en va : et s'il ne peut encore pour lors, il se cache en quelque coin à l'escart, attendant l'occasion et l'opportunité de s'enfuyr, et de gaigner pays. I'en ay veu plusieurs ainsi échappez des mains de leurs ennemis, qui pour preuue nous faisoient voir les trois doigts principaux de la main droicte couppez.

Il n'y a presque aucune Nation qui n'ait guerre et
debat auec quelqu'autre, non en intention d'en pos-
seder les terres et conquerir leur pays, ains seulement
pour les || exterminer s'ils pouuoient, et pour se ven- 220
ger de quelque petit tort ou desplaisir, qui n'est pas
souuent grand chose ; mais leur mauvais ordre, et le
peu de police qui souffre les mauuais Concitoyens
impunis, est cause de tout ce mal : car si l'vn d'entr'eux a offencé, tué ou blessé un autre de leur mesme
Nation, il en est quitte pour vn present, et n'y a point
de chastiment corporel (pour ce qu'ils ne les ont point
en vsage enuers ceux de leur Nation) si les parens du
blessé ou decedé n'en prennent eux-mesmes la vengeance, ce qui arriue peu souuent : car ils ne se font,
que fort rarement tort les vns aux autres. Mais si l'of-
fensé est d'vne autre Nation, alors il y a indubitablement guerre declarée entre les deux Nations, si celle
de l'homme coulpable ne se rachete par de grands

presens, qu'elle tire et exige du peuple pour la partie offencée : et ainsi il arriue le plus souuent que par la faute d'vn seul, deux peuples entiers se font vne tres-cruelle guerre, et qu'ils sont tousiours dans vne continuelle crainte d'estre surpris l'vn de l'autre, particulierement sur les frontieres, où les femmes mesmes ne
221 peuuent cultiuer les terres et faire les || bleds qu'elles n'ayent tousiours auec elles vn homme ayant les armes au poing, pour les conseruer et deffendre de quelque mauuaise aduenuë.

A ce propos des offences et querelles, et auant finir ce discours, pour monstrer qu'ils sçauent assez bien proceder en conseil, et vser de quelque maniere de satisfaction enuers la partie plaignante et lezée, ie diray ce qui nous arriua vn iour sur ce suiet. Beaucoup de Sauuages nous estans venus voir en nostre Cabane (selon leur coustume iournaliere) vn d'entr'eux, sans aucun suiet, voulut donner d'vn gros baston au Pere Ioseph. Ie fus m'en plaindre au grand Capitaine, et luy remonstray, afin que la chose n'allast plus auant, qu'il falloit necessairement assembler vn conseil general, et remonstrer à ses gens, et particulierement à tous les ieunes hommes, que nous ne leur faisions aucun tort ny desplaisir, et qu'ils ne deuoient pas aussi nous en faire, puisque nous n'estions dans leur pays que pour leur propre bien et salut, et non pour aucune enuie de leurs Castors et Pelleteries, comme ils ne pouuoient ignorer. Il fit donc assembler vn conseil general auquel tous assisterent,
222 || excepté celuy qui auoit voulu donner le coup : i'y fus aussi appelé, auec le Pere Nicolas, pendant que le Père Ioseph gardoit nostre Cabane.

Le grand Capitaine nous fist seoir aupres de luy, puis ayant imposé silence, il s'addressa à nous, et nous dit, en sorte que toute l'assemblée le pouuoit entendre : Mes Nepueux, à vostre priere et requeste i'ay faict assembler ce conseil general, afin de vous estre faict droict sur les plaintes que vous m'auez proposées; mais d'autant que ces gens-cy sont ignorans du fait, proposez vous mesme, et declarez hautement en leur presence ce qui est de vos griefs, et en quoy et comment vous auez esté offencés, et sur ce ie feray et bastiray ma harangue, et puis nous vous ferons iustice. Nous ne fusmes pas peu estonnés dés le commencement, de la prudence et sagesse de ce Capitaine, et comme il proceda en tout sagement, iusqu'à la fin de sa conclusion, qui fust fort à nostre contentement et edification.

Nous proposasmes donc nos plaintes, et comme
nous auionc quitté vn tres-bon pays, et trauersé tant
de mers et de terres, auec infinis dangers et mes-aises,
pour ‖ leur venir enseigner le chemin du Paradis, et 223
retirer leurs ames de la domination de Sathan, qui
les entraisnoit tous apres leur mort dans vne abysme
de feu sousterrain, puis pour les rendre amis et comme parens des François, et neantmoins qu'il y en
auoit plusieurs d'entr'eux qui nous traictoient mal, et particulierement vn tel (que ie nommay) qui a voulu tuer nostre frere Ioseph. Ayant finy, le Capitaine harangua vn long temps sur ces plaintes, leur remonstrans le tort qu'on auroit de nous offencer, puis que nous ne leur rendions aucun desplaisir, et qu'au contraire nous leur procurions et desirions du bien, non seulement pour cette vie; mais aussi pour l'aduenir.

Nous fusmes priez à la fin d'excuser la faute d'vn particulier, lequel nous deuions tenir seul auec eux, pour vn chien, à la faute duquel les autres ne trempoient point, et nous dirent pour exemple, que desia depuis peu, vn des leurs auoit griefuement blessé vn Algoumequin, en ioüant auec luy, et qu'ils s'estoient accordez sans guerre, par le moyen de quelque present, et celuy-là seul tenu pour chien et meschant qui auoit
224 faict le mal, et non les autres, || qui sont bien marris de cet inconuenient.

Ils nous firent aussi present de quelques sacs de bled, que nous acceptasmes et fusmes au reste festoyez de toute la compagnie, auec mille prieres d'oublier tous le passé, et demeurer bons amys comme auparauant; et nous coniurerent encore fort instamment d'assister tous les iours à leurs festins et banquets, ausquels ils nous feroient manger de bonnes Sagamités diuersement preparées, et que par ce moyen nous nous entretiendrions mieux par ensemble dans une bonne intelligence de bons parens et bons amys, et que de verité ils nous trouuoient assez pauurement accommodez et nourris dans nostre Cabane, de laquelle ils eusent bien desiré nous retirer pour nous mettre mieux auec eux dans leur ville, où nous n'aurions autre soucy que de prier Dieu, les instruire, et nous resiouyr honnestement par ensemble; et apres les auoir remerciés, chacun prit congé, et se retira.

|| *De la croyance et foy des Sauuages, du Greateur, et comme ils auoient recours à nos prieres en leurs necessitez.* 22

Chapitre XVIII.

Ciceron a dict, parlant de la nature des Dieux, qu'il n'y a gent si sauuage, si brutale ny si barbare, qui ne soit imbuë de quelque opinion d'iceux. Or comme il y a diuerses Nations et Prouinces barbares, aussi y a-il diuersité d'opinions et de croyance, pour ce que chacune se forge vn Dieu à sa poste. Ceux qui habitent vers Miskou et le port Royal, croyent en vn certain esprit, qu'ils appellent *Cudoùagni*, et disent qu'il parle souuent à eux, et leur dict le temps qu'il doit faire. Ils disent que quand il se courrouce contr'eux, il leur iette de la terre aux yeux. Ils croyent aussi quand ils trespassent, qu'ils vont és Estoilles, puis vont en de
beaux champs verts, pleins || de beaux arbres, fleurs 22
et fruicts tres-somptueux.

Les Souriquois (à ce que i'ay appris) croyent veritablement qu'il y a vn Dieu qui a tout creé, et disent qu'apres qu'il eut faict toutes choses, qu'il prit quantité de flesches, et les mit en terre, d'où sortirent hommes et femmes, qui ont muliplié au monde jusqu'à present. En suitte de quoy, vn François demanda à vn *Sagamo*, s'il ne croyoit point qu'il y eust vn autre qu'vn seul Dieu : il respondit, que leur croyance estoit, qu'il y auoit vn seul Dieu, vn Fils, vne Mere, et le Soleil, qui estoient quatre; neantmoins que Dieu estoit par dessus tous : mais que le Fils estoit bon, et le Soleil, à cause du bien qu'ils en receuoient : mais la Mere ne valoit rien, et les mangeoit, et que le Pere n'estoit pas trop bon.

Puis dict : Anciennement, il y eut cinq hommes qui s'en allerent vers le Soleil couchant, lesquels rencontrerent Dieu, qui leur demanda : Où allez-vous? Ils respondirent : Nous allons chercher nostre vie. Dieu leur dit : Vous la trouuerez ici. Ils passerent plus outre, sans faire estat de ce que Dieu leur auoit
227 dit, lequel prit vne pier- || re et en toucha deux, qui furent transmuez en pierre. Et il demanda derechef aux trois autres : Où allez-vous? et ils respondirent comme à la premiere fois ; et Dieu leur dit derechef : Ne passez plus outre, vous la trouuerez icy ; et voyans qu'il ne leur venoit rien, ils passerent outre, et Dieu prit deux bastons, et il en toucha les deux premiers, qui furent transmuez en bastons, et le cinquiesme s'arresta, ne voulant passer plus outre. Et Dieu luy demanda derechef : Où vas-tu? Ie vay chercher ma vie. Demeure, et tu la trouueras. Il s'arresta, sans passer plus outre, et Dieu luy donna de la viande, et en mangea. Apres auoir faict bonne chere, il retourna auec les autres Sauuages, et leur raconta tout ce que dessus.

Ce Sagamo dit et raconta encore à ce François cet autre plaisant discours. Qu'vne autre-fois il y auoit vn homme qui auoit quantité de Tabac, et que Dieu dist à cet homme, et luy demanda où estoit son petunoir, l'homme le prit, et le donna à Dieu, qui petuna beaucoup, et apres auoir bien petuné, il le rompit en plusieurs pieces ; et l'homme luy demanda :

Pourquoy as-tu rompu mon petunoir, tu || vois bien 228
que ie n'en ay point d'autre? Et Dieu en prit vn qu'il
auoit et le luy donna, luy disant : En voilà vn
que ie te donne, porte-le à ton grand *Sagamo*, qu'il le
garde, et s'il le garde bien, il ne manquera point de
chose quelconque, ny tous ses compagnons. Cet
homme prit le petunoir qu'il donna à son grand *Sagamo*, et durant tout le temps qu'il l'eut, les Sauuages ne manquerent de rien du monde : mais que
du depuis ledit *Sagamo* auoit perdu ce petunoir, qui
est l'occasion de la grande famine qu'ils ont quelques-
fois parmy-eux. Voylà pourquoy ils disent que Dieu
n'est pas trop bon, et ils ont raison, puisque ce Demon qui leur apparoist en guise d'vn Dieu, est vn
esprit de malice, qui ne s'estudie qu'à leur ruyne et
perdition.

La croyance en general de nos Hurons (bien que
tres mal entenduë par eux-mesmes, et en parlent fort
diuersement;) c'est que le Createur qui a faict tout
ce monde, s'appelle *Yoscaha*, et en Canadien *Ataouacan*,
lequel a encore sa Mere-grand', nommée *Ataensiq* :
leur dire qu'il n'y a point d'apparence qu'vn Dieu
aye vne Mere-grand', et que cela se contrarie, ils de-
meurent sans replique, comme || à tout le reste. Ils 229
disent qu'ils demeurent fort loin, n'en ayans neantmoins autre marque ou preuue, que le recit qu'ils al-
leguent leur en auoir esté fait par vn *Attiuoindaron*, qui
leur a faict croire l'auoir veu, et la marque de ses
pieds imprimée sur vne roche au bord d'vne riuiere,
et que sa maison ou cabane est faicte comme les
leurs, y ayant abondance de bled, et de toute autre
chose necessaire à l'entretien de la vie humaine.

Qu'il seme du bled, trauaille, boit, mange et dort comme les autres. Que tous les animaux de la terre sont à luy et comme ses domestiques. Que de sa nature il est tres-bon, et donne accroissement à tout, et que tout ce qu'il faict est bien faict, et nous donne le beau temps, et toute autre chose bonne et prospere. Mais à l'opposite, que sa Mere-grand' est meschante, et qu'elle gaste souuent tout ce que son petit Fils a faict de bien. Que quand *Yoscaha* est vieil, qu'il r'ajeunit tout à vn instant, et deuient comme vn ieune homme de vingt-cinq à trente ans, et par ainsi qu'il ne meurt iamais, et demeure immortel, bien qu'il soit vn peu suiect aux necessitez corporelles, comme nous autres.

230 || Or il faut noter, que quand on vient à leur contredire ou contester là-dessus, les vns s'excusent d'ignorance, et les autres s'enfuyent de honte, et d'autres qui pensent tenir bon s'embroüillent incontinent, et n'y a aucun accord ny apparence à ce qu'ils en disent, comme nous auons souuent veu et sceu par experience, qui faict cognoistre en effect qu'ils ne recognoissent et n'adorent vrayement aucune Diuinité ny Dieu, duquel ils puissent rendre quelque raison, et que nous puissions sçauoir : car encore que plusieurs parlent en la loüange de leur *Yoscaha*, nous en auons oüy d'autres en parler auec mespris et irreuerence.

Ils ont bien quelque respect à ces esprits, qu'ils appellent Oki; mais ce mot Oki signifie aussi bien vn grand Diable, comme vn grand Ange, vn esprit furieux et demoniacle, comme vn grand esprit, sage, sçauant ou inuentif, qui faict ou sçait quelque chose

par-dessus le commun; ainsi nous y appelloient-ils
souuent, pour ce que nous sçauions et leur ensei-
gnions des choses qui surpassoient leur esprit, à ce
qu'ils disoient. Ils appellent aussi Oki leurs Mede-
cins et Magiciens, voire mesmes || leurs fols, furieux 231
et endiablez. Nos Canadiens et Montagnets appellent
aussi les leurs Pirotois et Manitous, qui signifie la
mesme chose que Oki en Huron.

Ils croyent aussi qu'il y a de certains esprits qui
dominent en vn lieu, et d'autres en vn autre : les vns
aux riuieres, les autres aux voyages, aux traites, aux
guerres, aux festins et maladies, et en plusieurs autres
choses, ausquels ils offrent du petun, et font quelques sortes de prieres et ceremonies, pour obtenir
d'eux ce qu'ils desirent. Ils m'ont aussi monstré plusieurs puissans rochers sur le chemin de Kebec, ausquels ils croyoient resider et presider vn esprit, et
entre les autres ils m'en monstrerent vn à quelque
cent cinquante lieuës de là, qui auoit comme vne
teste, et les deux bras esleuez en l'air, et au ventre ou
milieu de ce puissant rocher, il y auoit vne profonde
cauerne de tres-difficile accez. Ils me vouloient persuader et faire croire à toute force, auec eux, que ce
rocher auoit esté vn homme mortel comme nous, et
qu'esleuant les bras et les mains en haut, il s'estoit
metamorphosé en cette pierre, et deuenu à succession
de temps, vn si puissant rocher, lequel ils ont en ve-
neration, || et luy offrent du petun en passant par 232
deuant auec leurs Canots, non toutes les fois, mais
quand ils doutent que leur voyage doiue reussir, et
luy offrant ce petun, qu'ils iettent dans l'eau contre
la roche mesme, ils luy disent : Tiens, prends cou-

rage, et fay que nous fassions bon voyage, auec quelqu'autre parole que ie n'entends point : et le Truchement, duquel nous auons parlé au chapitre precedent, nous a asseuré d'auoir fait vne fois vne pareille offrande auec eux (dequoy nous le tançasmes fort) et que son voyage luy fut plus profitable qu'aucun autre qu'il ait iamais faict en ces pays-là. C'est ainsi que le Diable les amuse, les maintient et conserue dans ses filets, et en des superstitions estranges, en leur prestans ayde et faueur, selon la croyance qu'ils luy ont en cecy, comme aux autres ceremonies et sorceleries que leur Oki obserue, et leur faict obseruer, pour la guerison de leurs maladies, et autres necessitez, n'offrans neantmoins aucune priere ny offrande à leur Yoscaha (au moins que nous ayons sceu), ains seulement à ces esprits particuliers, que ie viens de dire, selon les occasions.

233 Ils croyent les ames immortelles : et || partans de ce corps, qu'elles s'en vont aussi-tost dancer et se resiouyr en la presence d'*Yoscaha*, et de sa Mere-grand' *Ataensiq*, tenans la route et le chemin des Estoilles, qu'ils appellent *Atiskein andahatey*, le chemin des ames, que nous appelons la voye lactée, ou l'escharpe estoilée, et les simples gens le chemin de sainct Iacques. Ils disent que les ames des chiens y vont aussi, tenans la route de certaines estoilles, qui sont proches voysines du chemin des ames, qu'ils appellent *Gagnenon andahatey*, c'est à dire, le chemin des chiens, et nous disoient que ces ames, bien qu'immortelles, ont encore en l'autre vie les mesmes necessitez du boire et du manger, de se vestir et labourer les terres, qu'elles auoient lors qu'elles estoient encore reues-

tuës de ce corps mortel. C'est pourquoy ils enterrent ou enferment auec les corps des deffuncts, de la galette, de l'huile, des peaux, haches, chaudieres et autres outils ; pour à celle fin que les ames de leurs perents, à faute de tels instrumens, ne demeurent pauures et necessiteuses en l'autre vie : car ils s'imaginent et croyent que les ames de ces chaudieres,
haches, cousteaux, et tout ce qu'ils leur de- || dient, 234
particulierement à la grande feste des Morts, s'en vont en l'autre vie seruir les ames des deffuncts, bien que le corps de ces peaux, haches, chaudieres, et de toutes les autres choses dediées et offertes, demeurent et restent dans les fosses et les bieres, auec les os des trespassez, c'estoit leur ordinaire response, lors que nous leur disions que les souris mangeoient l'huile et la galette, et la roüille et pourriture les peaux, haches et autres instruments qu'ils enseuelissoient et mettoient auec les corps de leurs parens et amis dans le tombeau.

Entre les choses que nos Hurons ont le plus admiré, en les instruisant, estoit qu'il y eust vn Paradis au dessus de nous, où fussent tous les bien-heureux auec Dieu, et vn Enfer sousterrain, où estoient tourmentées auec les Diables en vn abysme de feu, toutes les ames des meschants, et celles de leurs parens et amis deffuncts, ensemblement auec celles de leurs ennemis, pour n'auoir cogneu ny adoré Dieu nostre Createur, et pour auoir meiné vne vie si mauuaise et vescu auec tant de dissolution et de vices. Ils admiroient aussi grandement l'Escriture, par laquelle,
ab- || sent, on se faict entendre où l'on veut; et te- 235
nans volontiers nos liures, apres les auoir bien con-

templez, et admiré les images et les lettres, ils s'amusoient à en compter les fueillets.

Ces pauures gens ayans par plusieurs fois experimenté le secours et l'assistance que nous leur promettions de la part de Dieu, lors qu'il viuroient en gens de bien, et dans les termes que leur prescriuions : Ils auoient souuent recours à nos prieres, soit, ou pour les malades, ou pour les iniures du temps, et aduoüoient franchement qu'elles auoient plus d'efficace que leurs ceremonies, coniurations et tous les tintamarres de leurs Medecins, et se resiouyssoient de nous oüir chanter des Hymnes et Pseaumes à leur intention, pendant lesquels (s'ils s'y trouuoient presens) ils gardoient estroictement le silence, et se rendoient attentifs, pour le moins au son et à la voix, qui les contentoit fort. S'ils se presentoient à la porte de nostre Cabane, nos prieres commencées, ils auoient patience, ou s'en retournoient en paix, sçachans desia que nous ne deuions pas estre diuertis d'vne si bonne action, et que d'entrer par importu-
236 nité estoit chose estimée || inciuile, mesme entr'eux, et vn obstacle aux bons effects de la priere, tellement qu'ils nous donnoient du temps pour prier Dieu, et pour vacquer en paix à nos offices diuins. Nous aydant en cela la coustume qu'ils ont de n'admettre aucun dans leurs Cabanes lors qu'ils chantent les malades, ou que les mots d'vn festin ont été prononcez.

Auoindaon, grand Capitaine de *Quieunonascaran*, auoit tant d'affection pour nous, qu'il nous seruoit comme de Pere Syndiq dans le pays, et nous voyoit aussi souuent qu'il croyoit ne nous estre point importun,

et nous trouuans par-fois à genoüils prians Dieu,
sans dire mot, il s'agenoüilloit auprés de nous, ioi-
gnoit les mains, et ne pouuant d'auantage, il taschoit
serieusement de contrefaire nos gestes et postures,
remuant les leures, et esleuant les mains et les yeux
au Ciel, et y perseueroit iusques à la fin de nos Offi-
ces, qui estoient assez longues, et luy aagé d'enuiron
soixante et quinze ans. O mon Dieu, que cet exemple
deuroit confondre de Chrestiens! et que nous dira ce
bon vieillard Sauuage, non encore baptisé, au iour
du jugement, de nous || voir plus negligens d'aymer 237
et seruir vn Dieu, que nous cognoissons, et duquel
nous receuons tant de grâces tous les iours, que luy,
qui n'auoit iamais esté instruit que dans l'escole de la
Gentilité, et ne le cognoissoit encore qu'au trauers
les espaisses tenebres de son ignorance? Mon Dieu,
resueillez nos tiedeurs, et nous eschauffez de vostre
diuin amour. Ce bon vieillard, plein d'amitié et de
bonne volonté, s'offrit encore de venir coucher auec
moy dans nostre Cabane, lors qu'en l'absence de mes
Confreres i'y restois seul la nuict. Ie luy demandois
la raison, et s'il croyoit m'obliger en cela, il me disoit qu'il apprehendoit quelque accident pour moy,
particulierement en ce temps que les Yroquois estoient entrez dans leurs pays, et qu'ils me pourroient
aysement prendre, ou me tuer dans nostre Cabane,
sans pouuoir estre secouru de personne, et que de plus
les esprits malins qui les inquietoient me pourroient
aussi donner de la frayeur, s'ils venoient à s'appa-
roistre à moy, ou à me faire entendre de leurs voix.
Ie le remercious de sa bonne volonté, et l'asseurois
que ie n'auois aucune apprehension, ny des Yro-

238 quois, ny des es- || prits malins, et que ie voulois demeurer seul la nuict dans nostre Cabane, en silence, prieres et oraisons. Il me repliquoit : Mon Nepueu, ie ne parleray point, et prieray Iesvs auec toy, laisse-moy seulement en ta compagnie pour cette nuict, car tu nous es cher, et crains qu'il ne t'arriue du mal, ou en effect, ou d'apprehension. Ie le remerciois derechef, et le renuoyois au bourg, et moy ie demeurois seul en paix et tranquillité.

Nous baptizasmes vne femme malade en nostre bourg, qui ressentit et tesmoigna sensiblement de grands effects du sainct Baptesme : il y auoit plusieurs iours qu'elle n'auoit mangé, estant baptizée aussi tost l'appetit luy reuint, comme en pleine santé, par l'espace de plusieurs iours, apres lesquels elle rendit son ame à Dieu, comme pieusement nous pouuons croire; elle repetoit souuent à son mary, que lors qu'on la baptisoit, qu'elle ressentoit en son ame vne si douce et suaue consolation, qu'elle ne pouuoit s'empescher d'auoir continuellement les yeux esleuez au Ciel, et eust bien voulu qu'on eust peu lui reiterer encore vne autre fois le sainct Baptesme, pour pouuoir res-
239 sentir derechef cette || consolation interieure, et la grande grace et faueur que ce Sacrement luy auoit communiquée. Son mary, nommé *Ongyata*, tres-content et ioyeux, nous en a tousiours esté du depuis fort affectionné, et desiroit encore estre faict Chrestien, auec beaucoup d'autres ; mais il falloit encore vn peu temporiser, et attendre qu'ils fussent mieux fondez en la cognoissance et croyance d'vn Iesus-Christ crucifié pour nous, et à vne vraye resignation, renonciation, abandonnement et mespris de toutes leurs

folles ceremonies, et en la hayne de tous leurs vices et mauuaises habitudes : pource que ce n'est pas assez d'estre baptizé pour aller en Paradis ; mais il faut de plus viure Chrestiennement, et dans les termes et les loix que Dieu et son Eglise nous ont prescrites : autrement il n'y a qu'vn Enfer pour les mauuais, et non point vn Paradis. Et puis ie diray auec verité, que si on n'establit des Colonies de bons et vertueux Catholiques dans tous ces pays Sauuages, que iamais le Christianisme n'y sera bien affermy, encore que des Religieux s'y donnassent toutes les peines du monde : car autre chose est d'auoir affaire à des
peu- || ples policez, et autre chose est de traiter auec 240
des peuples Sauuages, qui ont plus besoin d'exemple d'vne bonne vie, pour s'y mirer, que de grand' Theologie pour s'instruire, quoy que l'vn et l'autre soit necessaire. Et par ainsi nos Peres ont faict beaucoup d'en auoir baptizé plusieurs, et d'en auoir disposé vn grand nombre à la foy et au Christianisme.

Et puis que nous sommes sur le suiet du sainct Baptesme, ie ne passeray sous silence, qu'entre plusieurs Sauuages Canadiens, que nos Peres y ont baptisez, soit de ceux qu'ils ont fait conduire en France, ou d'autres qu'ils ont baptisez et retenus sur les lieux, les deux derniers meritent de vous en dire quelque chose. Le Pere Ioseph le Caron, Superieur de nostre Conuent de sainct Charles, nourrissoit et esleuoit, pour Dieu, deux petits Sauuages Canadiens, l'vn desquels, fils du Canadien que nous sur-nommons le Cadet, apres auoir esté bien instruit en la foy et doctrine Chrestienne, se resolut de viure à l'aduenir, suyuant la loi que nos Peres lui auoient enseignée, et auec ins-

tance demanda [le sainct Baptesme; mais à mesme
241 temps qu'il eut consenty et resolu de se || faire baptizer, le Diable commença de le tourmenter, et s'apparoistre à luy en diuerses rencontres : de sorte qu'il le pensa vne fois estouffer, si par prieres à Dieu, Reliquaires, et par eau beniste on ne luy eust bridé son pouuoir : et comme on luy iettoit de cet' eau, ce paure petit garçon voyoit ce malin esprit s'enfuyr d'vn autre costé et monstroit à nos Peres l'endroict et le lieu où il estoit, et disoit asseurement que ce malin auoit bien peur de cet' eau : tant y a, que depuis le iour de Pasques, que le Diable l'assaillit pour la premiere fois, iusques à la Pentecoste qu'il fut baptizé, ce paure petit Sauuage fut en continuelle peine et apprehension, et auec larmes supplioit tousiours nos Peres de le vouloir baptizer, et le faire quitte de ce meschant ennemy, duquel il receuoit tant d'ennuys et d'effrois.

Le iour de son Baptesme, nos Religieux firent vn festin à tous les parens du petit garçon de quantité de pois, de prunes, et de quelqu'autre menestre, boüillies et cuites ensemble dans vne grande chaudiere. Et comme le Pere Joseph leur eut faict vne harangue sur la ceremonie, vertu et necessité du
242 sainct Baptesme, il || arriva à quelques iours de là, qu'vn d'eux venant à tomber malade, il eut si peur de mourir sans estre baptizé, qu'il le demanda maintes-fois, et auec tres-grande instance : si que se voyant pressé du mal, il disoit que s'il n'estoit baptizé, qu'il en imputeroit la faute à ceux qui luy refusoient, tellement qu'vn de nos Religieux, nommé Frere Geruais, auec l'aduis de tous les François qui se trouuerent là presens, luy confera le sainct Baptesme, et le

mit en repos. Il s'est monstré du depuis si feruent obseruateur de ce qui luy a esté enseigné, qu'il s'est librement faict quitte de toutes les bagatelles et superstitions dont le Diable les amuse, et mesme n'a permis qu'aucun de leurs Pirotois fist plus aucune diablerie autour de luy comme ils auoient accoustumé.

Enuiron les mois d'Auril et de May, les pluyes furent tres-grandes, et presque continuelles (au contraire de la France, qui fut fort seiche cette année-là) de sorte que les Sauuages croyoient asseurement que tous leurs bleds deussent estre perdus et pourris, et dans cette affliction ne sçauoient plus à qui auoir recours, sinon à nous : car desia toutes leurs ceremonies
et || superstitions auoient esté faictes et obseruées sans 243
aucun profit. Ils tindrent donc conseil entre tous les plus anciens, pour aduiser à vn dernier et salutaire remede, qui n'estoit pas vrayement sauuage; mais digne d'vn tres-grand esprit, et esclairé d'vne nouuelle lumiere du Ciel, qui estoit de faire apporter vn tonneau d'escorce de mediocre grandeur, au milieu de la Cabane du grand Capitaine où se tenoit le conseil, et d'arrester entr'eux que tous ceux du bourg, qui auoient vn champ de bled ensemencé, en apporteroient là une escuellée de leur Cabane, et ceux qui auroient deux champs, en apporteroient deux escuellées, et ainsi des autres, puis l'offriroient et dedieroient à l'vn de nous trois, pour l'obliger auec les deux autres Confreres, de prier Dieu pour eux. Cela estant faict, ils me choisissent, et m'envoyent prier par un nommé Grenole, d'aller au conseil, pour me communiquer quelque affaire d'importance, et aussi pour receuoir vn tonneau de bled qu'ils m'auoient dedié. Auec

l'aduis de mes Confreres ie m'y en allay, et m'assis au conseil auprés du grand Capitaine, lequel me dit :
244 Mon Nepueu, nous t'auons en- || uoyé querir, pour t'aduiser que si les pluyes ne cessent bien-tost, nos bleds seront tous perdus, et toy et tes Confreres avec nous, mourrons tous de faim ; mais comme vous estes gens de grand esprit, nous auons eu recours à vous, et esperons que vous obtiendrez de vostre Pere qui est au Ciel, quelque remede et assistance à la necessité qui nous menace. Vous nous auez tousiours annoncé qu'il estoit tres-bon, et qu'il estoit le Createur, et auoit tout pouuoir au Ciel et en la terre ; si ainsi est qu'il soit tout-puissant et tres-bon, et qu'il peut ce qu'il veut, il peut donc nous retirer de nos miseres, et nous donner vn temps propre et bon : prie-le donc, auec tes deux autres Confrères, de faire cesser les pluyes, et le mauuais temps, qui nous conduit infailliblement dans la famine, s'il continuë encore quelque temps, et nous ne te serons pas ingrats : car voylà desia vn tonneau de bled que nous t'auons dedié, en attendant mieux. Son discours finy, et ses raisons deduites, ie luy remonstray que tout ce que nous leur auions dit et enseigné estoit tres-veritable, mais qu'il estoit à la liberté d'vn pere d'exaucer ou reietter
245 les prieres de son enfant, || et que pour chastier, ou faire grace et misericorde, il estoit tousiours la mesme bonté, y ayant autant d'amour au refus qu'à l'octroy ; et luy dis pour exemple : Voilà deux de tes petits enfans, *Andaracouy* et *Aroussen*, quelques fois tu leur donnes ce qu'ils te demandent, et d'autres fois non ; que si tu les refuses et les laisses contristez, ce n'est pas pour hayne que tu leur portes, ny pour mal que

tu leur vueilles; ains pour ce que tu iuges mieux qu'eux que cela ne leur est pas propre, ou que ce chastiment leur est necessaire. Ainsi en vse Dieu nostre Pere tres-sage, enuers nous ses petits enfans et seruiteurs. Ce Capitaine vn peu grossier, en matiere spirituelle, me repliqua, et dist : Mon Nepueu, il n'y a point de comparaison de vous à ces petits enfans : car n'ayans point d'esprit, ils font souuent de folles demandes, et moi qui suis pere sage, et de beaucoup d'esprit, ie les exauce ou refuse avec raison. Mais pour vous, qui estes grandement sages, et ne demandez rien inconsiderement, et qui ne soit tres-bon et equitable, vostre Pere qui est au Ciel, n'a garde de vous esconduire : que s'il ne vous exauce, et que nos bleds
viennent à pourrir, || nous croyrons que vous n'estes 246
pas veritables, et que Iesus n'est point si bon ny si puissant que vous dites. Ie luy repliquay tout ce qui estoit necessaire là-dessus, et luy remis en memoire que desia en plusieurs occasions ils auoient experimenté le secours d'vn Dieu et d'vn Créateur, si bon et pitoyable, et qu'il les assisteroit encore à cette presente et pressante necessité, et leur donneroit du bled plus que suffisamment, pourueu qu'ils nous voulussent croire, et quittassent leurs vices, et que si Dieu les chastioit par-fois, c'estoit parce qu'ils estoient tousiours vicieux, et ne sortoient point de leurs mauuaises habitudes, et que s'ils se corrigeoient, ils luy seroient agreables, et les traiteroit apres comme ses enfants.

Ce bon homme prenant goust à tout ce que ie luy disois, me dist : O mon Nepueu! ie veux donc estre

enfant de Dieu, comme toy. Ie luy respondis, tu
n'en es point encore capable. O mon Oncle! il faut
encore vn peu attendre que tu te sois corrigé : car Dieu
ne veut point d'enfant s'il ne renonce aux superstitions, et qu'il ne se contente de sa propre femme sans
247 aller aux autres, et si tu le fais nous || te baptizerons,
et apres ta mort ton ame s'en ira bien-heureuse auec
luy. Le conseil acheué, le bled fut porté en nostre Cabane, et m'y en retournay, où i'aduertis mes Confreres de tout ce qui s'estoit passé, et qu'il falloit serieusement et instamment prier Dieu pour ce pauure
peuple, à ce qu'il daignast les regarder de son œil de
misericorde, et leur donnast un temps propre et necessaire à leurs bleds, pour de là les faire admirer ses
merueilles. Mais à peine eusmes-nous commencé nos
petites prieres, et esté processionnellement à l'entour
de nostre petite Cabane, en disans les Litanies, et autres prieres et deuotions, que nostre Seigneur tres-
bon et misericordieux fist à mesme temps cesser les
pluyes : tellement que le Ciel, qui auparauant
estoit par tout couuert de nuées obscures, se fist se-
rain, et toutes ces nuées se ramasserent comme vn
globe au dessus de la ville, et puis tout à coup cela se
fondit derriere les bois, sans qu'on en aperceust iamais tomber vne seule goutte d'eau ; et ce beau temps
dura enuiron trois sepmaines, au grand contentement,
et estonnement et admiration des Sauuages, qui sa-
248 tisfaits d'vne telle faueur celeste, nous || en resterent
fort affectionnez, auec deliberation de faire passer en
conseil, que de là en auant, ils nous appelleroient leurs
Peres spirituels, qui estoit beaucoup gaigné sur eux,

et suiet à nous de rendre infinies graces à Dieu, qui daigne faire voir ses merueilles quand il luy plaist, et est expedient à sa gloire.

Du depuis les Sauuages nous eurent vne telle croyance, et auoient tant d'opinions de nous, que cela nous estoit à peine, pour ce qu'ils inferoient de là et s'imaginoient que Dieu ne nous esconduiroit iamais d'aucune chose que luy demandassions, et que nous pouuions tourner le Ciel et la terre à nostre volonté (par maniere de dire;) c'est pourquoy qu'il leur en falloit faire rabattre de beaucoup, et les aduiser que Dieu ne fait pas tousiours miracle, et que nous n'estions pas dignes d'estre tousiours exaucez.

Il m'arriua un iour qu'estant allé visiter vn Sauuage de nos meilleurs amis, grandement bon homme, et d'vn naturel qui sentoit plustost son bon Chrestien, que non pas son Sauvage : Comme ie discourois auec luy, et pensois monstrer nostre cachet, pour luy en faire admirer l'Image, || qui estoit de la saincte Vierge, 249
vne fille subtilement s'en saisit, et le ietta de costé dans les cendres, pensant par après le ramasser pour elle. I'estois marry que ce cachet m'auoit esté ainsi pris et desrobé, et dis à cette fille que ie soupçonnois : Tu te ris et te mocques à present de mon cachet que tu as desrobé; mais sçache, que s'il ne m'est rendu, que tu pleureras demain, et mourras bien-tost : car Dieu n'ayme point les larrons, et les chastie; ce que ie disois simplement, et pour l'intimider et faire rendre son larrecin, comme elle fist à la fin, l'ayant moy-mesme ramassé du lieu où elle l'auoit ietté. Le lendemain à heure de dix heures, estant retourné voir mon Sauuage, ie trouuay cette fille toute esplo-

rée et malade, auec de grands vomissemens qui la tourmentoient : estonné et marry de la voir en cet estat, ie m'informay de la cause de son mal, et de ses pleurs, l'on me dist que c'estoit le mal que ie luy auois predit, et qu'elle estoit sur le poinct de se faire reconduire à la Nation du Petun, d'où elle estoit, pour ne point mourir hors de son pays : ie la consolay alors, et luy dis qu'elle n'eust plus de peur, et qu'elle
250 ne mourroit point pour ce coup, || ny n'en seroit pas d'auantage malade, puis que ce cachet auoit esté retrouué ; mais qu'elle aduisast vne autre fois de n'estre plus meschante, et de ne plus desrober, puis que cela desplaisoit au bon Iesvs; et alors elle me demanda derechef si elle n'en mourroit point, et apres que ie l'en eus asseurée, elle resta entierement guerie et consolée, et ne parla plus de s'en retourner en son pays, comme elle faisoit auparauant, et vescut plus sagement à l'aduenir.

Comme ils estimoient que les plus grands Capitaines de France estoient doüez d'vn plus grand esprit, et qu'ayans vn si grand esprit, eux seuls pouuoient faire les choses les plus difficiles : comme haches, cousteaux, chaudieres, etc., ils inferoient de là, que le Roy (comme le plus grand Capitaine et le chef de tous) faisoit les plus grandes chaudieres, et nous tenans en cette qualité de Capitaines, ils nous en presentoient quelques-fois à r'accommoder, et nous supplioient aussi de faire pencher en bas les oreilles droictes de leurs chiens, et de les rendre comme celles de ceux de France qu'ils auoient
251 veus à Kebec : mais ils se mesprenoient, et || nous supplioient en vain, comme de nous estre impor-

tuns d'aller tuer le Tonnerre, qu'ils pensoient estre vn oyseau, nous demandans si les François en mangeoient, et s'il auoit bien de la graisse, et pourquoy il faisoit tant de bruit : mais ie leur donnay à entendre (selon ma petite capacité) comme et en quoy ils se trompoient, et qu'ils ne deuoient penser si bassement des choses ; dequoy ils resterent fort contents et aduoüoient auec vn peu de honte leur trop grande simplicité et ignorance.

Les Sauuages, non plus que beaucoup de simples gens, ne s'estoient iamais imaginé que la terre fust ronde et suspenduë, et que l'on voyageast à l'entour du monde, et qu'il y eust des Nations au dessous de nous, ny mesme que le Soleil fist son cours à l'entour : mais pensoient que la terre fust percée, et que le Soleil entroit par ce trou quand il se couchoit, et y demeuroit caché iusqu'au lendemain matin qu'il sortoit par l'autre extremité, et neantmoins ils comprenoient bien qu'il estoit plustost nuïct en quelques pays, et plustost iour en d'autres : car vn Huron venant d'vn long voyage, nous dist en nostre Cabane,
qu'il estoit desia nuict en la con- || trée d'où il venoit, 252
et neantmoins il estoit plein Esté aux Hurons, et pour lors enuiron les quatre ou cinq heures apres midy seulement.

Des ceremonies qu'ils obseruent à la pesche.

Chapitre XIX.

Desireux de voir les ceremonies et façons ridicules qu'ils obseruent à la pesche du grand poisson, qu'ils appellent *Assihendo*, qui est vn poisson gros comme les plus grandes moluës, mais beaucoup meilleur, je partis de *Quieunonascaran*, auec le Capitaine *Auoindaon*, au mois d'Octobre, et nous embarquasmes sur la mer douce dans vn petit Canot, moy cinquiesme, et prismes la route du costé du Nord, où, apres auoir long temps nauigé et aduancé dans la mer, nous nous arrestasmes et prismes terre dans vne Isle commode pour la pesche, et y cabanasmes proche de plusieurs mesnages qui s'y estoient desia accommodez pour le
253 mes- || me suiet de la pesche. Dés le soir de nostre arriuée, on fist festin de deux grands poissons, qui nous auoient esté donnez par vn des amis de nostre Sauuage, en passant deuant l'Isle où il peschoit : car la coustume est entr'eux, que les amis se visitans les vns les autres au temps de la pesche, de se faire des presens mutuels de quelques poissons. Nostre Cabane estant dressée à l'Algoumequine, chacun y choisit sa place, aux quatre coins estoient les quatre principaux, et les autres en suite, arrangez, les vns ioignans les autres, assez pressez. On m'auoit donné vn coin dés le commencement ; mais au mois de Nouembre, qu'il commence à faire vn peu de froid, ie

me mis plus au milieu, pour pouuoir participer à la
chaleur des deux feux que nous auions, et ceday mon
coin à vn autre. Tous les soirs on portoit les rets enuiron demye-lieuë, ou vne lieuë auant dans le Lac,
et le matin à la poincte du iour on les alloit leuer, et
rapportoit-on tousiours quantité de bons gros poissons; comme Assihendos, Truites, Esturgeons, et
autres qu'ils esuentroient, et leur ouuroient le
ventre comme l'on faict aux Moluës, puis les esten-
doient sur des rat- teliers de perches dressez exprez, 254
pour les faire seicher au Soleil : que si le temps in-
commode, et les pluyes empeschent et nuysent à la
seicheresse de la viande ou du poisson, on les faict
boucaner à la fumée sur des clayes ou sur des perches, puis on serre le tout dans des tonneaux, de
peur des chiens et des souris, et cela leur sert pour
festiner, et pour donner goust a leur potage, principalement en temps d'hyuer.

Quelques fois on reseruoit des plus gros et gras Assihendos, qu'ils faisoient fort boüillir et consommer en de grandes chaudieres pour en tirer l'huile, qu'ils amassoient auec vne cueillier par-dessus le boüillon, et la serroient en des bouteilles qui ressembloient à nos calbasses : cette huile est aussi douce et agreable que beurre fraiz, aussi est-elle tirée d'vn tres-bon poisson, qui est incogneu aux Canadiens, et encore plus icy. Quand la pesche est bonne, et qu'il y a nombre de Cabanes, on ne voit que festins et banquets mutuels et reciproques, qu'ils se font les vns aux autres, et se resioüissent de fort-bonne grace par ensemble, sans dissolution. Les festins qui se font dans les villages et les bourgs sont par-fois bons;

255 mais ceux qui || se font à la pesche et à la chasse sont
les meilleurs de tous.

Ils prennent sur tout garde de ne ietter aucune
arreste de poissson dans le feu, et y en ayant ietté ils
m'en tancerent fort, et les en retirerent promptement,
disans que ie ne faisois pas bien, et que ie serois
cause qu'ils ne prendroient plus rien ; pour ce qu'il y
auoit de certains esprits, ou les esprits des poissons
mesmes, desquels on brusloit les os, qui aduertiroient
les autres poissons de ne se pas laisser prendre, puis
qu'on brusloit leurs os. Ils ont la mesme superstition
à la chasse du Cerf, de l'Eslan, et des autres animaux,
croyans que s'il en tomboit de la graisse dans le feu,
ou que quelques os y fussent iettez, qu'ils n'en pourroient plus prendre. Les Canadiens ont aussi cette
coustume de tuer tous les Eslans qu'ils peuuent attraper à la chasse, craignans qu'en en espargnant
ou en laissant aller quelqu'vn, il n'allast aduertir
les autres de fuyr et se cacher au loin, et ainsi en
laissent par-fois pourrir et gaster sur la terre, quand
ils en ont desia assez pour leur prouision, qui leur
feroient bon besoin en autre temps, pour les grandes
256 disettes qu'ils souffrent souuent, particu- || liere-
ment quand les neiges sont basses auquel temps ils
ne peuuent, que tres-difficilement, attraper la beste,
et encore en danger d'en estre enfoncé.

Vn iour, comme ie pensois brusler au feu le poil
d'vn Escureux, qu'vn Sauuage m'auoit donné, ils ne
le voulurent point souffrir, et me l'enuoyerent
brusler dehors, à cause des rets qui estoient pour
lors dans la Cabane : disans qu'autrement elles le
diroient aux poissons. Ie leur dis que les rets ne

voyoient goutte ; ils me respondirent que si, et mesme
qu'elles entendoient et mangeoient. Donne-leur donc
de ta Sagamité, leur dis-je. Vn autre me repliqua :
Ce sont les poissons qui leur donnent à manger, et
non point nous. Ie tançay vne fois les enfans de la
Cabane, pour quelques vilains et impertinents discours qu'ils tenoient : il arriua que le lendemain
matin ils prindrent fort peu de poisson, ils l'attri-
buerent à cette reprimande qui auoit esté rapportée
par les rets aux poissons.

Vn soir, que nous discourions des animaux du
pays, voulans leur faire entendre que nous auions
en France des lapins et levraux, qu'ils appellent
Quieutonmalisia, || ie leur en fis voir la figure par le 257
moyen de mes doigts, en la clairté du feu qui en faisoit donner l'ombrage contre la Cabane : d'auenture
et par hazard on prit le lendemain matin, du poisson
beaucoup plus qu'à l'ordinaire, ils creurent que ces
figures en auoient esté la cause, tant ils sont simples,
me priant au reste de prendre courage, et d'en faire
tous les soirs de mesme, et de leur apprendre, ce que
ie ne voulus point faire, pour n'estre cause de cette
superstition, et pour n'adherer à leur folie.

En chacune des Cabanes de la Pesche, il y a ordinairement vn Predicateur de poisson, qui a accoustumé de faire vn sermon aux poissons, s'ils sont ha-
biles gens ils sont fort recherchez, pource qu'ils
croyent que les exhortations d'vn habile homme ont
vn grand pouuoir d'attirer les poissons dans leurs
rets. Celuy que nous auions s'estimoit vn des premiers, aussi le faisoit-il beau voir se demener, et de
la langue et des mains quand il preschoit, comme il

faisoit tous les iours apres souper, apres auoir imposé silence, et faict ranger vn chacun en sa place, couché
258 de leur long sur le dos, et le ventre || en haut comme luy. Son Theme estoit : Que les Hurons ne bruslent point les os des poissons, puis il poursuyuoit en suite auec des affections non-pareilles, exhortoit les poissons, les coniuroit, les inuitoit et les supplioit de venir, de se laisser prendre, et d'auoir bon courage, et de ne rien craindre, puis que c'estoit pour seruir à de leurs amis, qui les honorent, et ne bruslent point leurs os. Il en fit aussi vn particulier à mon intention, par le commandement du Capitaine, lequel me disoit apres. Hé bien ! mon Nepueu, voylà-il pas qui est bien ? Ouy, mon Oncle, à ce que tu dis, luy respondis-ie ; mais toy, et tous vous autres Hurons, auez bien peu de iugement, de penser que les poissons entendent et ont l'intelligence de vos sermons et de vos discours.

Pour auoir bonne pesche ils bruslent aussi parfois du petun, en prononçans de certains mots que ie n'entends pas. Ils en iettent aussi à mesme intention dans l'eau à de certains esprits qu'ils croyent y presider, ou plustost à l'ame de l'eau (car ils croyent que toute chose materielle et insensible a vne ame qui entend) et la prient à leur maniere accoustumée,
259 d'auoir bon courage, et || faire en sorte qu'ils prennent bien du poisson.

Nous trouuasmes dans le ventre de plusieurs poissons, des ains faits d'vn morceau de bois, accommodez auec vn os qui seruoit de crochet, lié fort proprement auec de leur chanvre ; mais la corde trop foible pour tirer à bord de si gros poissons, auoit faict perdre

et la peine et les ains de ceux qui les auoient iettez
en mer : car veritablement il y a dans cette mer douce
des Esturgeons, Assihendos, Truites et Brochets si
monstrueusement grands, qu'il ne s'en voit point
ailleurs de plus gros, non plus que de plusieurs autres
especes de poissons qui nous sont icy incogneus. Et
cela ne nous doit estre tiré en doute, puis que ce
grand Lac, ou mer douce des Hurons, est estimé
auoir trois ou quatre cens lieuës de longueur, de
l'Orient à l'Occident, et enuiron cinquante de large,
contenant vne infinité d'Isles, ausquelles les Sauuages cabanent quand ils vont à la pesche, ou en
voyage aux autres Nations qui bordent cette mer
douce. Nous iettasmes la sonde vers nostre bourg, assez proche de terre en vn cul-de-sac, et trouuasmes
quarante-huict || brasses d'eau ; mais il n'est pas d'vne 26
egale profondeur par tout : car il l'est plus en quelque
lieu, et moins de beaucoup en d'autre.

Lors qu'il faisoit grand vent, nos Sauuages ne portoient point leurs rets en l'eau, par ce qu'elle s'esleuoit et s'enfloit alors trop puissamment, et en temps d'vn vent mediocre, ils estoient encore tellement agitez, que c'estoit assez pour me faire admirer, et grandement loüer Dieu que ces pauures gens ne perissoient point, et sortoient auec de si petits Canots du milieu de tant d'ondes et de vagues furieuses, que ie contemplois à dessein du haut d'vn rocher, où ie me retirois seul tous les iours, ou dans l'espaisseur de la forest pour dire mon Office, et faire mes prieres en paix.

Cette Isle estoit assez abondante en gibier, Outardes, Canards, et autres oyseaux de riuiere : pour

des Escureux il y en auoit telle quantité, de Suisses,
et autres communs, qu'ils endommageoient grandement la seicherie du poisson, bien qu'on taschast de
les en chasser par la voix, le bruit des mains, et à
coups de flesches, et estans saouls ils ne faisoient que
261 ioüer et || courir les vns apres les autres, soir et matin.
Il y auoit aussi des Perdrix, vne desquelles s'en vint
vn iour tout contre moy en vn coin où ie disois mon
Office, et m'ayant regardé en face s'en retourna à petit
pas comme elle estoit venuë, faisant la rouë comme
vn petit coq d'Inde, et tournant continuellement la
teste en arriere, me regardoit et contemploit doucement sans crainte, aussi ne voulus-ie point l'espouuenter ny mettre la main dessus, comme ie pouuois
faire, et la laissay aller.

Vn mois et plus s'estant escoulé, et le grand poisson changeant de contrée, il fut question de trousser
bagage, et retourner chacun en son village : vn matin
que l'on pensoit partir, la mer se trouua fort haute,
et les Sauuages timides n'osans se hazarder dessus,
me vindrent trouuer, et me supplierent de sortir de
la Cabane pour voir la mer, et leur dire ce qu'il m'en
sembloit, et ce qu'il estoit question de faire; pour ce
que tous les Sauuages ensemble s'estoient resolus de
faire en cela tout ce que ie leur dirois et conseillerois.
I'auois desia veu la mer; mais pour les contenter il
me fallut derechef sortir dehors, pour considerer s'il
162 y auoit peril de s'embarquer || ou non. O bonté infinie
de nostre Seigneur, il me semble que i'auois la foy
au double que ie n'en ay pas icy! Ie leur dis : Il est
vray qu'il y a à present grand danger sur mer; mais
que personne pourtant ne laisse de fretter ses Canots

et s'embarquer : car en peu de temps les vents cesseront, et la mer calmera : aussi-tost dit, aussi-tost faict, ma voix se porte par toutes les Cabanes de l'Isle, qu'il falloit s'embarquer, et que ie les auois asseurez de la bonace prochaine. Ce qui les fist tellement diligenter, qu'ils nous deuancerent tous, et fusmes les derniers à desmarer. A peine les Canots furent-ils en mer, que les vents cesserent, et la mer calma comme vn plancher, iusques à nostre desembarquement et arriuée à nostre ville de Quieunonascaran.

Le soir que nous arriuasmes au port de cette ville, il estoit pres de trois quarts d'heure de nuict, et faisoit fort obscur, c'est pourquoy mes Sauuages y cabanerent : mais pour moy i'aimay mieux m'en aller seul au trauers des champs et des bois en nostre Cabane, qui en estoit à demye lieuë loin, pour y voir promptement mes Confreres, de la santé desquels
|| les Sauuages m'auoient faict fort douter : mais ie les 263
trouuay en tres-bonne disposition, Dieu mercy, de quoy ie fus fort consolé, et eux au reciproque furent fort ayses de mon retour et de ma santé, et me firent festin de trois petites Citroüilles cuittes sous la cendre chaude, et d'vne bonne Sagamité, que ie mangeay d'vn grand appetit, pour n'auoir pris de toute la iournée qu'vn bien peu de boüillon fort clair, le matin auant partir.

De la santé et maladie des Sauuages, et de leurs Medecins.

Chapitre XX.

Les anciens Egyptiens auoient accoustumé d'vser de vomitifs pour guerir les maladies du corps, et de sobrieté pour se conseruer en santé : car ils tenoient pour maxime indubitable, que les maladies corporelles ne procedoient que d'vne trop grande abondance et superfluité d'humeurs, et par consequent qu'il n'y auoit aucun
264 re- || mede meilleur que le vomissement et la sobrieté.

Nos Sauuages ont bien la dance et la sobrieté, auec les vomitifs, qui leur sont vtiles à la conseruation de la santé ; mais ils ont encore d'autres preseruatifs desquels ils vsent souuent : c'est à sçauoir, les estuues et sueries, par lesquelles ils s'allegent, et preuiennent les maladies : mais ce qui ayde encore grandement à leur santé, est la concorde qu'ils ont entr'eux, qu'ils n'ont point de procez, et le peu de soin qu'ils prennent pour acquerir les commoditez de cette vie, pour lesquelles nous nous tourmentons tant nous autres Chrestiens, qui sommes iustement et à bon droict repris de nostre trop grande cupidité et insatiabilité d'en auoir, par leur vie douce, et la tranquilité de leur esprit.

Il n'y a neantmoins corps si bien composé, ny naturel si bien morigené, qu'il ne vienne à la fin à se debiliter ou succomber par des diuers accidens aus-

quels l'homme est suiet. C'est pourquoy nos pauures Sauuages, pour remedier aux maladies ou blesseures qui leur peuuent arriuer, ont des Medecins et maistres des ceremonies, qu'ils appellent Oki, ausquels ils croyent || fort, pour autant qu'ils sont grands Magi- 265
ciens, grands Deuins et Inuocateurs de Diables : Ils leur seruent de Medecins et Chirurgiens, et portent tousiours auec eux vn plein sac d'herbes et de drogues pour medeciner les malades : ils ont aussi vn Apothicaire à la douzaine, qui les suit en queuë auec ses drogues, et la Tortuë qui sert à la chanterie, et ne sont point si simples qu'ils n'en sçachent bien faire accroire au menu peuple par leurs impostures, pour se mettre en credit, et auoir meilleure part aux festins et aux presents.

S'il y a quelque malade dans vn village, on l'enuoye aussi tost querir. Il faict des inuocations à son Demon, il souffle la partie dolente, il y faict des incisions, en succe le mauuais sang, et faict tout le reste de ses inuentions, n'oubliant iamais, s'il le peut honnestement, d'ordonner tousiours des festins et recreations pour premier appareil, afin de participer luymesme à la feste, puis s'en retourne auec ses presens. S'il est question d'auoir nouuelle des choses absentes, apres auoir interrogé son Demon, il rend des oracles ; mais ordinairement douteux, et bien souuent faux,
|| mais aussi quelques-fois veritables : car le Diable 266
parmy ses mensonges, leur dict quelque verité.

Vn honneste Gentil-homme de nos amis, nommé le sieur du Vernet, qui a demeuré auec nous au pays des Hurons, nous dict vn iour, que comme il estoit dans la Cabane d'vne Sauuagesse vers le Bresil, qu'vn

Demon vint frapper trois grands coups sur la couuerture de la Cabane, et que la Sauuagesse qui cogneut que c'estoit son Demon, entra aussi-tost dans sa petite tour d'escorce, où elle auoit accoustumé de receuoir ses oracles, et entendre les discours de ce malin esprit. Ce bon Gentil-homme preste l'oreille, et escoute le Colloque, et entendit le Diable qui se plaignoit grandement à elle, qu'il estoit fort las et fatigué, et qu'il venoit de fort loin guerir des malades, et que l'amitié particuliere qu'il auoit pour elle, l'auoit obligé de la venir voir ainsi lassé, puis pour l'aduertir qu'il y auoit trois Nauires François en mer qui arriueroient bien-tost, ce qui fut trouué veritable : car à trois ou quatre iours de là, les Nauires arriuerent, et apres que la Sauuagesse l'eut remercié, et faict ses demandes, le Demon s'en retourna.

267 || Vn de nos François estant tombé malade en la Nation du Petun, ses compagnons qui s'en alloient à la Nation Neutre, le laisserent là, en la garde d'vn Sauuage, auquel ils dirent : Si cettuy nostre compagnon meurt, tu n'as qu'à le despoüiller de sa robbe, faire vne fosse, et l'enterrer dedans. Ce bon Sauuage demeura tellement scandalisé du peu d'estat que ces François faisoient de leur compatriote, qu'il s'en plaignit par tout, disant qu'ils estoient des chiens, de laisser et abandoner ainsi leur compagnon malade, et de conseiller encore qu'on l'enterrast nud, s'il venoit à mourir. Ie ne feray iamais cette iniure à vn corps mort, bien qu'estranger, disoit-il; et me despoüillerois plustost de ma robbe pour le couurir, que de luy oster la sienne.

L'hoste de ce pauure garçon sçachant sa maladie,

part aussitost de Quieuindohain, d'où il estoit, pour
l'aller querir, et assisté de ce Sauuage qui l'auoit en
garde, l'apporterent sur leur dos iusques dans sa Cabane, où enfin il mourut, apres auoir esté confessé
par le Pere Ioseph, et fut enterré en vn lieu particulier le plus honorablement, et auec le plus de cere-
monies || Ecclesiastiques qu'il nous fut possible, de- 268
quoy les Sauuages resterent fort edifiez, et assisterent
eux mesmes au conuoy avec nos François, qui s'y
estoient trouués auec leurs armes. Les femmes et
filles ne manquerent pas non plus en leurs pleurs
accoustumez, suyuant l'ordonnance du Capitaine, et
du Medecin ou Magicien des malades, lequel neantmoins on ne souffrit point approcher de ce pauure
garçon pour faire ses inuentions et follies ordinaires :
bien n'eust-on pas refusé quelque bon remede naturel, s'il en eust eu de propre à la maladie.

Je me suis informé d'eux, des principales plantes
et racines desquelles ils se seruent pour guerir leurs
maladies; mais entre toutes les autres ils font estat de
celle appelée *Oscar*, qui faict merueille contre toutes
sortes de playes, vlceres, et autres incommoditez.
Ils en ont aussi d'autres tres-venimeuses, qu'ils appellent *Ondachiera*, c'est pourquoy qu'il s'en faut donner garde, et ne se point hazarder d'y manger d'aucune sorte de racine, que l'on ne les cognoisse, et
qu'on ne sçache leurs effects et leurs vertus, de peur
des accidents inopinez.

|| Nous eusmes vn iour vne grande apprehension 269
d'vn François, qui pour en auoir mangé d'vne, deuint tout en vn instant grandement malade, et pasle
comme la mort, il fut neantmoins guery par des vo-

mitifs que les Sauuages luy firent aualler. Il nous arriua encore une autre seconde apprehension, qui se tourna par apres en risée : ce fut que certains petits Sauuages ayans des racines nommées *Ooxrat*, qui ressemblent à vn petit naueau, ou à vne chastaigne pelée, qu'ils venoient d'arracher pour porter en leurs Cabanes : vn ieune garçon François qui demeuroit auec nous, leur en ayant demandé, et mangé vne ou deux, et trouué au commencement d'vn goust assez agreable, il sentit peu apres tant de douleur dans la bouche, comme d'vn feu tres-cuisant et picquant, auec grande quantité d'humeurs et de phlegmes qui luy distilloient continuellement de la bouche, qu'il en pensoit estre à mourir : et en effect, nous n'en sçauions que penser, ignorans la cause de cet accident, et craignions qu'il eust mangé de quelque racine venimeuse : mais en ayant communiqué, et demandé l'aduis des Sauuages, ils se firent apporter le
270 reste des racines pour || voir que c'estoit, et les ayans veües et recogneües, ils se prirent à rire, disans qu'il n'y auoit aucun danger ny crainte de mal; mais plustost du bien, n'estoient ces poignantes et par trop cuisantes douleurs de la bouche. Ils se seruent de ces racines pour purger les phlegmes et humiditez du cerueau des vieilles gens, et pour esclaircir la face : mais pour euiter ce cuisant mal, ils les font premierement cuire sous les cendres chaudes, puis les mangent, sans en ressentir apres aucune douleur, et cela leur faict tous les biens du monde, et suis marry de n'en auoir apporté par-deçà, pour l'estat que ie croy qu'on en eust faict. On dict aussi que nos Montagnais et Canadiens ont un arbre appelé *Annedda*, d'vne ad-

mirable vertu; ils pillent l'escorce et les feuilles de
cet arbre, puis font boüillir le tout en eauë, et la boiuent de deus iours l'vn, et mettent le marc sur les
jambes enflées et malades, et s'en trouuent bien tost
gueris, comme de toutes autres sortes de maladies
interieures et exterieures.

Pour se rendre plus souples et dispos à la course,
et pour purger les mauuaises humeurs des parties
enflées, nos Hurons || s'incisent et decouppent le 271
gras des iambes, auec de petites pierres trenchantes,
desquelles ils tirent encore du sang de leurs bras,
pour reioindre et coler leurs pippes ou petunoirs de
terre rompus, qui est vne tres-bonne inuention, et
vn secret d'autant plus admirable, que les pieces re-
colées de ce sang sont apres plus fortes qu'elles n'estoient auparavant. I'admirois aussi de les voir eux-
mesmes brusler par plaisir de la moëlle de sureau
sur leurs bras nuds, et l'y laissoient consommer et
esteindre : de sorte que les playes, marques et cica-
trices y demeuroient imprimées pour tousiours.

Quand quelqu'vn veut faire suerie, qui est le remede le plus propre et le plus commun qu'ils ayent,
pour se conseruer en santé, preuenir les maladies, et
leur coupper chemin, il appelle plusieurs de ses amis
pour suer avec luy : car luy seul ne le pourroit pas
aysement faire. Il font donc rougir quantité de cailloux dans vn grand feu, puis les en retirent et mettent en vn monceau au milieu de la Cabane, ou la
part qu'ils desirent dresser leur suerie, (car estans par
les champs en voyage, ils en vsent quelques-fois) puis
dressent tout à || l'entour des bastons fichez en terre, 272
à la hauteur de la ceinture, et plus, repliez, par des-

sus, en façon d'vne table ronde, laissans entre les
pierres et les bastons une espace suffisante pour contenir les hommes nuds qui doivent suer, les vns
ioignans les autres, bien serrez et pressez tout à
l'entour du monceau de pierres assis contre terre, et
les genoüils esleucz au deuant de leur estomach : y
estans on couure toute la suerie par dessus et à l'entour, auec de leurs grandes escorces, et des peaux en
quantité : de sorte qu'il ne peut sortir aucune chaleur ny air de l'estuue; et pour s'eschauffer encore
d'auantage, et s'exciter à suer, l'vn d'eux chante, et
les autres disent et repetent continuellement avec
force et vehemence (comme en leurs dances,) Het,
het, het, et n'en pouuans plus de chaleur, ils se font
donner vn peu d'air, en ostant quelque peau de dessus, et par-fois ils boiuent encore de grandes potées
d'eau froide, et puis se font recouurir, et ayans sué
suffisamment, ils sortent, et se vont ieter à l'eau, s'ils
sont proches de quelque riuiere; sinon, ils se lauent
d'eau froide, et puis festinent : car pendant qu'ils
273 suent, la chaudiere est sur le feu, et pour || auoir
bonne suerie, ils y bruslent par-fois du petun,
comme en sacrifice et offrande; i'ay veu quelques-vns
de nos François en de ces sueries auec les Sauuages,
et m'estonnois comme ils la vouloient et pouuoient
supporter, et que l'honnesteté ne gaignoit sur eux
de s'en abstenir.

Il arriue aucunes-fois que le Medecin ordonne à quelqu'vn de leurs malades de sortir du bourg, et de s'aller cabaner dans les bois, ou en quelqu'autre lieu escarté, pour luy obseruer là, pendant la nuict, ses diaboliques inuentions, et ne sçay pour quel autre suiet il le feroit, puis que pour l'ordinaire cela ne se practique point que pour ceux qui sont entachez de maladie sale ou dangereuse, lesquels on contrainct seuls, et non les autres, de se separer du commun iusques à entiere guerison, qui est vne coustume et ordonnance loüable et tres-bonne, et qui mesme deuroit estre obseruée en tout pays.

A ce propos et pour confirmation, ie diray, que comme ie me promenois vn iour seul, dans les bois de la petite Nation des Quieunontateronons, i'apperceu vn peu de fumée, et desireux de voir que c'estoit, i'aduançay, et tiray celle part, où || ie trouuay vne 274
Cabane ronde, faicte en façon d'vne Tourelle ou Pyramide haute esleuée, ayant au faiste vn trou ou souspiral par où sortoit la fumée : non content, i'ouuris doucement la petite porte de la Cabane pour sçauoir ce qui estoit dedans, et trouuay vn homme seul estendu de son long aupres d'vn petit feu : ie m'informay de luy pourquoy il estoit ainsi sequestré du village, et de la cause qu'il se deüilloit; il me respondit, moitié en Huron et moitié en Algoumequin, que c'estoit pour vn mal qu'il avoit aux parties naturelles, qui le tourmentoit fort, et duquel il n'esperoit que la mort, et que pour de semblables maladies ils auoient accoustumé entr'eux, de separer et esloigner du commun ceux qui en estoient attaincts, de peur de gaster les autres par la frequentation, et neantmoins qu'on luy apportoit ses petites necessitez et partie de ce qui luy faisoit besoin, ses parens et amis ne pouuans pas d'auantage pour lors, à cause de leur pauureté. I'avois beaucoup de compassion pour luy; mais cela ne luy seruoit que d'vn peu de diuertisse-

ment et de consolation en ce petit espace de temps que ie fus aupres de luy : car de luy donner quel-
275 || que nourriture ou rafraischissement, il estoit hors de mon pouuoir, puis que i'estois moy-mesme dans vne grande necessité.

Le Truchement des Honqueronons me dist vn iour, que comme ils furent vn long temps pendant l'hyuer, sans auoir de quoy manger autre chose que du petun, et quelque escorce d'arbre, qu'il en deuint tellement foible et debile, qu'il en pensa estre au mourir, et que ses Sauuages le voyans en cet estat, touchez et esmeus de compassion, luy demanderent s'il vouloit qu'on l'acheuast, pour le deliurer des peines et langueurs qu'il souffroit, puis qu'aussi bien faudroit-il qu'il mourust miserablement par les champs, ne pouuant plus suyure les troupes : mais il fut d'aduis qu'il valoit mieux languir et esperer en nostre Seigneur, que de se precipiter à la mort, aussi auoit il raison : car à quelques iours de là Dieu permist qu'ils prindrent trois Ours qui les remirent tous sus pieds, et en leurs premieres forces, apres auoir esté quatorze ou quinze iours en ieusnes continuels.

Il ne faut pas s'estonner ou trouuer estrange qu'ils
276 ayent (touchez et esmeus || de compassion) presenté et offert de si bonne grace la mort à ce Truchement, puis qu'ils ont cette coustume entr'eux (i'entends les Nations errantes, et non Sedentaires) de tuer et faire mourir leurs peres et meres, et plus proches parens desia trop vieux, et qui ne peuuent plus suyure les autres, pensans en cela leur rendre de bons seruices.

I'ay quelques-fois esté curieux d'entrer au lieu où l'on chantoit et souffloit les malades, pour en voir

toutes les ceremonies; mais les Sauuages n'en estoient pas contens, et m'y souffroient auec peine, pour ce qu'ils ne veulent point estre veus en semblables actions : et pour cet effect, à mon aduis, ou pour autre suiet à moy incogneu, ils rendent aussi le lieu où cela se faict, le plus obscur et tenebreux qu'ils peuuent, et bouchent toutes les ouuertures qui peuuent donner quelque lumière d'en haut, et ne laissent entrer là dedans que ceux qui y sont necessaires et appellez. Pendant qu'on chante il y a des pierres qui rougissent au feu, lesquelles le Medecin empoigne et manie auec ses mains, puis masche des charbons ardans, faict du Diable deschaisné, et de ses mains ainsi
|| eschauffées, frotte et souffle les parties malades du 277
patient, ou crache sur le mal de son charbon masché.

Ils ont aussi entr'eux des obsedez ou malades de maladies de furies, ausquels il prendra bien enuie de faire dancer les femmes et filles toutes ensemble, auec l'ordonnance de Loki ; mais ce n'est pas tout : car luy et le Medecin, accompagnez de quelqu'autre, feront des singeries et des coniurations, et se tourneront tant qu'ils demeureront le plus souuent hors d'eux-mesmes : puis il paroist tout furieux, les yeux estincelans et effroyables, quelques-fois debout, et quelques-fois assis, ainsi que la fantasie luy en prend : aussi-tost vne quinte luy reprendra, et fera tout du pis qu'il pourra, puis il se couche, où il s'endort quelque espace de temps, et se resueillant en sur-saut r'entre dans ses premieres furies, renuerse, brise et iette tout ce qu'il rencontre en son chemin, auec du bruit, du dommage et des insolences non-pareilles : cette furie se passe par le sommeil qui luy reprend. Apres il

faict suerie auec quelqu'vn de ses amis qu'il y appelle,
d'où il arriue que quelques-vns de ces malades se
278 trouuent gueris, et c'est ce qui les en- || tretient dans
l'estime de ces diaboliques ceremonies. Car il est bien
croyable que ces malades ne sont pas tellement endiablez qu'ils ne voyent bien le mal qu'ils font; mais
c'est vne opinion qu'ils ont qu'il faut faire du demo
niacle pour guerir les fantasies ou troubles de l'esprit, et par vne iuste permission diuine, il arriue le
plus souuent qu'au lieu de guerir, ils tombent de
fievre en chaud mal, comme on dict, et que ce qui
n'estoit auparauant qu'vne fantasie d'esprit, causée
d'vne humeur hypocondre, ou d'vne operation de
l'esprit malin, se conuertit en vne maladie corporelle
auec celle de l'esprit, et c'est ce qui estoit en partie
cause que nous estions souuent suppliez de la part
des Maistres de la ceremonie, et de Messieurs du
Conseil, de prier Dieu pour eux, et de leur enseigner
quelque bon remede pour ses maladies, confessans
ingenuëment que toutes leurs ceremonies, dances,
chansons, festins et autres singeries, n'y seruoient
du tout rien.

Il y a aussi des femmes qui entrent en ces furies,
mais elles ne sont si insolentes que les hommes, qui
sont d'ordinaire plus tempestatifs : elles marchent à
279 quatre || pieds comme bestes, et font mille grimasses
et gestes de personnes insensées : ce que voyant le Magicien, il commence à chanter, puis auec quelque
mine la soufflera, luy ordonnant de certaines eauës à
boire, et qu'aussi tost elle fasse vn festin, soit de chair
ou de poisson qu'il faut trouuer, encore qu'il soit rare
pour lors, neantmoins il est aussi tost faict.

Le cry faict, et le banquet finy, chacun s'en retourne en sa maison, iusques à vne autre fois qu'il la reuiendra voir, la soufflera, et chantera derechef, auec plusieurs autres à ce appellez, et luy ordonnera encore de plus trois ou quatre festins tout de suite, et s'il luy vient en fantasie commandera des Mascarades, et qu'ainsi accommodez ils aillent chanter prés du lict de la malade, puis aillent courir par toute la ville pendant que le festin se prepare; et apres leurs courses ils reuiennent pour le festin; mais souuent bien las et affamez.

Lors que tous les remedes et inuentions ordinaires
n'ont de rien seruy, et qu'il y a quantité de malades
en vn bourg ou village, ou du moins que quelqu'vn
des principaux d'entr'eux est detenu d'vne griesue ma-
ladie, ils tiennent conseil, || et ordonnent, *Lonouoyroya* 280
qui est l'inuention principale, et le moyen plus propre
(à ce qu'ils disent) pour chasser les Diables et malins
esprits de leur ville ou village, qui leur causent, procurent et apportent toutes les maladies et infirmitez
qu'ils endurent et souffrent au corps et en l'esprit.
Le soir donc, les hommes commencent à casser, renuerser et boulueser tout ce qu'ils rencontrent par les
Cabanes, comme gens forcenez, iettent le feu et les
tisons allumez par les ruës : crient, hurlent, chantent
et courent toute la nuict par les ruës, et à l'entour des
murailles ou palissades du bourg, sans se donner aucun relasche : apres ils songent en leur esprit quelque
chose qui leur vient premier en la fantasie (i'entends
tous ceux et celles qui veulent estre de la feste), puis
le matin venu ils vont de Cabane en Cabane, de feu
en feu, et s'arrestent à chacun vn petit espace de

temps, chantans doucement (ces mots :) Vn tel m'a
donné cecy, vn tel m'a donné cela, et telles et semblables paroles en la loüange de ceux qui leur ont
donné, et en beaucoup de mesnages on leur offre librement : qui vn cousteau, qui vn petunoir, qui vn
181 chien, qui vne peau, vn canot, ou || autre chose, qu'ils
prennent sans en faire autre semblant, iusques à ce
qu'on vient à leur donner la chose qu'ils auoient son-
gée, et celuy qui la reçoit fait alors vn cry en signe
de joye, et s'encourt en grand' haste de la Cabane, et
tous ceux du logis en luy congratulant, font vn long
frappement de mains contre terre, auec cette exclamation ordinaire, hé *é é é é*, et ce present est pour
luy : mais pour les autres choses qu'il a euës, et qui
ne sont point de songe, il les doit rendre apres la
feste, à ceux qui les luy ont baillées. Mais s'ils voyent
qu'on ne leur donne rien ils se faschent, et prendra
tel humeur à l'vn d'eux, qu'il sortira hors la porte,
prendra vne pierre, et la mettra aupres de celuy ou
celle qui ne luy aura rien donné, et sans dire mot s'en
retournera chantant, qui est vne marque d'iniure, reproche et de mauuaise volonté.

Cette feste dure ordinairement trois iours entiers,
et ceux qui pendant ce temps-là n'ont peu trouuer ce
qu'ils auoient songé, s'en affligent, s'en estiment miserables, et croyent qu'ils mourront bien-tost. Il y a
mesme des pauures malades qui s'y font porter, sous
182 esperance d'y rencontrer || leur songe, et par conse-
quent leur santé et guerison.

Des deffuncts, et comme ils pleurent et enseuelissent les morts.

CHAPITRE XXI.

A MESME temps que quelqu'vn est decedé,
l'on enueloppe son corps vn peu retressi,
dans sa plus belle robe, puis on le pose
sur la natte où il est mort, tousiours accompagné de quelqu'vn, iusques à l'heure qu'il est
porté aux chasses. Cependant tous ses parens et amis,
tant du lieu que des autres bourgs et villages, sont
aduertis de cette mort, et priez de se trouuer au conuoy. Le Capitaine de la Police de son costé, faict ce
qui est de sa charge : car incontinent qu'il est aduerty de ce trespas, luy, ou son Assesseur pour luy,
en faict le cry par tout le bourg, et prie vn chacun
disant : Prenez tous courage, *Etsagon*, *Etsagon*, et faictes
tous festin au mieux qu'il vous sera possible, pour vn
|| tel ou vne telle qui est decedée. Alors chacun en 283
particulier s'employe à faire vn festin le plus excellent
qu'il peut, et de ce qu'ils peuuent, puis ils le departent et l'enuoyent à tous leurs parens et amis, sans
en rien reseruer pour eux, et ce festin est appellé
Agochin atiskein, le festin des ames. Il y a des Nations
lesquelles faisans de ces festins, font aussi vne part
au deffunct, qu'ils iettent dans le feu ; mais ie ne me
suis point informé de nos Hurons s'ils en font aussi
vne au mort, et ce qu'elle deuient, d'autant que cela
est de peu d'importance : nous pouuons assez bien
cognoistre et coniecturer, par ce que ie viens de dire,

la facilité qu'il y a de leur persuader les prieres, aumosnes et bonnes œuures pour les ames des deffuncts.

Les Essedons, Scythes d'Asie, celebroient les funerailles de leur pere et mere auec chants de ioye. Les Thraciens enseuelissoient leurs morts en se resiouyssans, d'autant (comme ils disoient) qu'ils estoient partis du mal, et arriuez à la beatitude : mais nos Hurons enseuelissent les leurs en pleurs et tristesses, neantmoins tellement moderées et reglées au niueau de la raison, qu'il semble que ce pauure peuple
284 || aye vn absolu pouuoir sur ses larmes et sur ses sentimens; de maniere qu'ils ne leur donnent cours que dans l'obeyssance, et ne les arrestent que par la mesme obeyssance.

Auant que le corps du deffunct sorte de la Cabane, toutes les femmes et filles là presentes, y font les pleurs et lamentations ordinaires, lesquelles ne les commencent ny ne finissent iamais (comme ie viens de dire) que par le commandement du Capitaine ou Maistre des ceremonies. Le commandement et l'aduertissement donné, toutes vnanimement commencent à pleurer, et se lamentent à bon escient, et femmes et filles, petites et grandes (et non iamais les hommes, qui demonstrent seulement vne mine et contenance morne et triste, la teste panchante sur leurs genoüils) et pour plus facilement s'esmouuoir et s'y exciter, elles repetent tous leurs parens et amis deffuncts, disans. Et mon pere est mort, et ma mere est morte, et mon cousin est mort, et ainsi des autres, et toutes fondent en larmes; sinon les petites filles qui en font plus de semblant qu'elles n'en ont d'enuie, pour

n'estre encore capables de ces senti- || mens. Ayans 285
suffisamment pleuré, le Capitaine leur crie, c'est assez, cessez de pleurer, et toutes cessent.

Or pour monstrer combien il leur est facile de pleurer, par ces ressouuenirs et repetitions de leurs parens et amis decedez, les Hurons et Huronnes souffrent assez patiemment toutes sortes d'iniures : mais quand on vient à toucher cette corde, et qu'on leur reproche que quelqu'vn de leurs parens est mort, ils sortent alors aysement hors des gonds et perdent patience de cholere et fascherie, que leur apporte et cause ce ressouuenir, et feroient enfin un mauuais party à qui leur reprocheroit : et c'est en cela, et non en autre chose, que ie leur ay veu quelques-fois perdre patience.

Au iour et à l'heure assignée pour l'enterrement, chacun se range dedans et dehors la Cabane pour y assister : on met le corps sur vn brancart ou ciuiere couuert d'vne peau, puis tous les parens et amis, auec vn grand concours de peuple, accompagnent ce corps iusques au Cimetiere, qui est ordinairement à vne portée d'arquebuze loin du bourg, où estans tous
arriuez, chacun se tient en silence, les vns de- || bout, 286
les autres assis, selon qu'il leur plaist; pendant qu'on esleue le corps en haut, et qu'on l'accommode dans sa chasse, faicte et disposée exprez pour luy : car chacun corps est mis dans vne chasse à part. Elle est faicte de grosse escorce, esleuée sur quatre gros piliers de bois vn peu peinturez, de la hauteur de neuf ou dix pieds ou enuiron : ce que ie coniecture, en ce qu'esleuant ma main, ie ne pouuois toucher aux chasses qu'à plus d'vn pied ou deux prez. Le corps y

estant posé, auec la galette, l'huile, haches et autrė
chose qu'on y veut mettre, on la referme, puis de
dessus on iette deux bastons ronds, chacun de la longueur d'vn pied, et gros vn peu moins que le bras;
l'vn d'vn costé pour les ieunes hommes, et l'autre de
l'autre, pour les filles : (Ie n'ay point veu faire cette
ceremonie de ietter les deux bastons en tous les en-
terremens; mais à quelques vns,) et ils se mettent
apres comme lyons, à qui les aura, et les pourra es-
leuer en l'air de la main, pour gaigner vn certain
prix, et m'estonnois grandement que la violence
qu'ils apportoient pour arracher ce baston de la main
des vns et des autres, se veautrans et culbutans
287 contre terre, ne les || estouffoit, tant les filles de leur
costé, que les garçons du leur.

Or pendant que toutes ces ceremonies s'obseruent, il y a d'vn autre costé vn Officier monté sur vn tronc d'arbre, qui reçoit des presens que plusieurs personnes font, pour essuyer les larmes de la vefue, ou plus proche parente du deffunct : à chaque chose qu'il reçoit, il l'esleve en l'air, pour estre veuë de tous, et dict : Voilà vne telle chose qu'vn tel ou vne telle a donnée pour essuyer les larmes d'vne telle, puis il se baisse, et luy met entre les mains : tout estant acheué chacun s'en retourne d'où il est venu, auec la mesme modestie et le silence. I'ay veu en quelque lieu d'autres corps mis en terre (mais fort peu) sur lesquels il y auoit vne Cabane ou Chasse d'escorce dressée, et à l'entour vne haye en rond, faicte auec des pieus fichez en terre, de peur des chiens ou bestes sauuages, ou par honneur, et pour la reuerence des deffuncts.

Les Canadiens, Montagnais, Algoumequins et autres peuples errans, font quelqu'autre particuliere ceremonie enuers les corps des deffuncts : car ils n'ont
desia point de Cimetiere commun et ar- || resté; ains 288
enseuelissent et enterrent ordinairement les corps de
leurs parens deffuncts parmy les bois, proche de
quelque gros arbre, ou autre marque, pour en recognoistre le lieu, et auec ces corps enterrent aussi leurs
meubles, peaux, chaudieres, escuelles, cueilliers et
autres choses du deffunct, auec son arc et ses flesches,
si c'est vn homme, puis mettent des escorces et des
grosses busches par-dessus, et de la terre apres, pour
en oster la cognoissance aux Estrangers. Et faut noter
qu'on ne sçauroit en rien tant les offencer, qu'à
foüiller et desrober dans les sepulchres de leurs parens, et que si on y estoit trouué, on n'en pourroit
pas moins attendre qu'vne mort tres-cruelle et rigou-
reuse, et pour tesmoigner encore l'affection et reuerence qu'ils ont aux os de leurs parens : si le feu se
prenoit en leur village et en leur cimetiere, ils cour-
roient premierement esteindre celuy du cimetiere, et
puis celuy du village.

Entre quelque Nation de nos Sauuages, ils ont accoustumé de se peindre le visage de noir à la mort
de leurs parens et amis, qui est vn signe de deüil : ils
peindent aussi le visage du deffunct, et l'enjo- || liuent 289
de matachias, plumes et autres bagatelles, et s'il est
mort en guerre, le Capitaine faict vne Harangue en
maniere d'Oraison funebre, en la presence du corps,
incitant et exhortant l'assemblée, sur la mort du deffunct, de prendre vengeance d'vne telle meschanceté,
et de faire la guerre à ses ennemis, le plus prompte-

ment que faire se pourra, afin qu'vn si grand mal ne demeure point impuny, et qu'vne autre fois on n'aye point la hardiesse de leur courir sus.

Les Attiuoindarons font des Resurrections des morts, principalement des personnes qui ont bien merité de la patrie par leurs signalez seruices, à ce que la memoire des hommes illustres et valeureux reuiue en quelque façon en autrüy. Ils font donc des assemblées à cet effect, et tiennent des conseils, ausquels ils en eslisent vn d'entr'eux, qui aye les mesmes vertus et qualitez (s'il se peut) de celuy qu'ils veulent ressusciter, ou du moins qu'il soit d'vne vie irreprochable parmy vn peuple Sauuage.

Voulans donc proceder à la Resurrection, ils se leuent tous debout, excepté celuy qui doit ressusciter,
290 auquel ils im- || posent le nom du deffunct, et baissans tous la main iusques bien bas, feignent le relever de terre : voulans dire par là qu'ils tirent du tombeau ce grand personnage deffunct, et le remettent en vie en la personne de cet autre qui se leue debout, et (apres les grandes acclamations du peuple) il reçoit les presens que les assistans luy offrent, lesquels le congratulent encore de plusieurs festins, et le tiennent desormais pour le deffunct qu'il represente ; et par ainsi iamais la memoire des gens de bien et des bons et valeureux Capitaines ne meurt point entr'eux.

De la grand' feste des Morts.

CHAPITRE XXII.

DE dix en dix ans, ou enuiron, nos Sauuages, et autres peuples Sedentaires, font la grande feste ou ceremonie des Morts, en l'vne de leurs villes ou villages, comme il aura esté conclu et ordonné par vn conseil general de tous ceux du pays (car les os des deffuncts ne sont
enseuelis || en particulier que pour vn temps) et la 291
font encore annoncer aux autres Nations circonuoysines, afin que ceux qui y ont esleu la sepulture des os de leurs parens les y portent, et les autres qui y veulent venir par deuotion, y honorent la feste de leur presence; car tous y sont les bien venus et festinez pendant quelques iours que dure la ceremonie, où l'on ne voit que chaudieres sur le feu, festins et dances continuelles, qui faict qu'il s'y trouue vne infinité de monde qui y aborde de toutes parts.

Les femmes qui ont à y apporter les os de leurs parens, les prennent aux cimetieres : que si les chairs ne sont pas du tout consommées, elles les nettoyent et en tirent les os qu'elles lauent, et enueloppent de beaux Castors neufs, et de Rassades et Colliers de Pourceleines, que les parens et amis contribuent et donnent, disans : Tiens, voilà ce que ie donne pour les os de mon pere, de ma mere, de mon oncle, cousin ou autre parent; et les ayans mis dans vn sac

neuf, ils les portent sur leur dos, et ornent encore le dessus du sac de quantité de petites parures, de col-
292 liers, brasselets et autres enjoliuemens. Puis les || pelleteries, haches, chaudieres et autres choses qu'ils estiment de valeur, auec quantité de viures se portent aussi au lieu destiné, et là estans tous assemblez, ils mettent les viures en vn lieu, pour estre employez aux festins, qui sont de fort grands fraiz entr'eux, puis pendent proprement par les Cabanes de leurs hostes, tous leurs sacs et leurs pelleteries, en attendant le iour auquel tout doit estre enseuely dans la terre.

La fosse se fait hors de la ville, fort grande et profonde, capable de contenir tous les os, meubles et pelleteries dediées pour les deffuncts. On y dresse vn eschaffaut haut esleué sur le bord, auquel on porte tous les sacs d'os, puis on tend la fosse par tout, au fond et aux costez, de peaux et robes de Castors neufves, puis y font vn lict de haches, en apres de chaudieres, rassades, colliers et brasselets de Pourceleine, et autres choses qui ont esté données par les parens et amis. Cela faict, du haut de l'eschaffaut les Capitaines vuident et versent tous les os des sacs dans la fosse parmy la marchandise, lesquels ils couurent encore d'autres peaux neuves, puis d'escorces, et apres
293 reiettent la terre par || dessus, et des grosses pieces de bois; et par honneur ils fichent en terre des piliers de bois tout à l'entour de la fosse, et font vne couuerture par dessus qui dure autant qu'elle peut, puis festinent derechef, et prennent congé l'vn de l'autre, et s'en retournent d'où ils sont venus, bien ioyeux et contens que les ames de leurs parens et amis auront bien

de quoy butiner, et se faire riches ce iour-là en l'autre vie.

Chrestiens, r'entrons vn peu en nous-mesmes, et voyons si nos ferueurs sont aussi grandes enuers les ames de nos parens detenuës dans les prisons de Dieu, que celles des pauures Sauuages enuers les ames de leurs semblables deffuncts, et nous trouuerons que leurs ferueurs surpassent les nostres, et qu'ils ont plus d'amour l'vn pour l'autre, et en la vie et apres la mort, que nous, qui nous disons plus sages, et le sommes moins en effect, parlant de la fidelité et de l'amitié simplement : car s'il est question de donner l'aumosne, ou faire quelqu'autre œuure pieuse pour les viuans ou deffuncts, c'est souuent auec tant de peine et de repugnance, qu'il semble à plusieurs qu'on leur arrache les entrailles du ventre, tant ils
|| ont de difficulté à bien faire, au contraire de nos Hu- 294
rons et autres peuples Sauuages, lesquels font leurs presents, et donnent leurs aumosnes pour les viuans et pour les morts, auec tant de gayeté et si librement, que vous diriez à les voir qu'ils n'ont rien plus en recommandation, que de faire du bien, et assister ceux qui sont en necessité, et particulierement aux ames de leurs parens et amis deffuncts, ausquels ils donnent le plus beau et meilleur qu'ils ont, et s'en incommodent quelques-fois grandement, et y a telle personne qui donne presque tout ce qu'il a pour les os de celuy ou celle qu'il a aymée et cherie en cette vie, et ayme encore apres la mort : tesmoin *Ongyata*, qui pour auoir donné et enfermé auec le corps de sa deffuncte femme (sans nostre sceu) presque tout ce qu'il auoit, en demeura tres-pauure et incommodé,

et s'en resiouyssoit encore, sous l'esperance que sa deffuncte femme en seroit mieux accommodée en l'autre vie.

Or par le moyen de ces ceremonies et assemblées, ils contractent vne nouuelle amitié et vnion entr'eux, disans : Que tout ainsi que les os de leurs parens et
295 || amis deffuncts sont assemblez et vnis en vn mesme lieu, de mesme aussi qu'ils deuoient durant leur vie, viure tous ensemblement en vne mesme vnité et concorde, comme bons parens et amis, sans s'en pouuoir à iamais separer ou distraire, pour aucun desseruice ou disgrace, comme en effect ils font.

CPSIA information can be obtained
at www.ICGtesting.com
Printed in the USA
LVHW021239060222
710389LV00004B/354